Helmut Kaiser
Maria Sibylla Merian
Eine Biographie

Mit 11 Schwarzweiß- und
6 Farbabbildungen

Piper München Zürich

Ungekürzte Taschenbuchausgabe
Piper Verlag GmbH, München
April 1999
© 1997 Artemis & Winkler Verlag, Düsseldorf und Zürich
Umschlag: Büro Hamburg
Andreas Rüthemann, Julia Koretzki
Umschlagabbildung: Sächsische Landesbibliothek/
Staats- und Universitätsbibliothek Dresden/Abt. Deutsche Fotothek
und Ullstein Bilderdienst
Satz: Fotosatz Moers, Mönchengladbach
Druck und Bindung: Clausen & Bosse, Leck
Printed in Germany   ISBN 3-492-22581-0

Inhalt

Maria Sibylla Merian im Gespräch 7
Der berühmte Vater: Matthäus Merian 11
Familienbild 20
»Alles in betrübtem Stand«: Der Zerfall der Familie 28
Zwischen Kunsthandel und Verlagshaus 31
Freiräume 37
»Dieses fressige Raupengezeug«: Erste Studien 44
Der »Eheliebste« 61
Familiengründung 74
Das »Blumenbuch« 79
»Der Raupen wunderbare Verwandlung« 87
Die Trennung 106
Holland und die Labadisten 112
Amsterdam, Mittelpunkt der Welt 127
Die Reise nach Surinam 154
»Daß ich noch mit dem Leben davongekommen«:
Die Heimkehr 171
Das wunderbare Meisterwerk:
»Metamorphosis Insectorum Surinamensium« 180
Tod und Nachruhm 191

Literaturverzeichnis 200
Bildnachweis 203

Georg Gsell, Bildnis der Maria Sibylla Merian
Kupferstich von Jakob Houbraken

Maria Sibylla Merian im Gespräch

Ein sonniger Herbsttag im Botanischen Garten in Amsterdam. Ich sitze unter dem Blätterdach exotischer Bäume und gerate ins Träumen: Mir gegenüber sitzt, in einem Rollstuhl, Maria Sibylla Merian. Seit einem Schlaganfall, kürzlich, fällt ihr das Gehen schwer. Jetzt, 1715, ist sie 68 Jahre alt: tiefe Falten um Mund und Nase, eingefallene Wangen, doch immer noch wache Augen, eine aufrechte Haltung. Während ich ihr von dem großen Interesse erzähle, das ihre Person in unserem Jahrhundert findet, zieht sie ihren Mantel enger um sich.

MSM: Weshalb an meiner Person? Nicht an meinen Werken? Sind sie vergessen?

HK: Nein, alle Ihre Bücher sind neu gedruckt worden. Doch in unserer Zeit interessiert man sich für Frauen, die ihre Rolle als Untertanin des Mannes abgestreift haben, ihren eigenen Weg gegangen sind...

MSM: Was wollt Ihr wissen?

HK: Sie sind eine berühmte Künstlerin und Forscherin. Welche Entwicklung hat Sie dahin geführt? Sie haben einen langen Weg zurückgelegt von Ihrer Geburtsstadt Frankfurt, aus dem Haus des berühmten Vaters nach Amsterdam, sogar nach Surinam.

MSM: Man kennt meinen Vater noch?

HK: Ja, viele seiner Werke sind heute noch zu kaufen,

doch weiter – Sie sind nach Surinam gereist, um dort die Insekten zu erforschen, Sie haben ein prachtvolles Buch geschaffen, von Ihrem Leben aber ist wenig bekannt, die ganze Kindheit nur ein leeres Blatt, was hat Sie geprägt, wie war die Erziehung?

MSM: Man interessiert sich heute für die Kindheit? Wie seltsam, und was ist Erziehung?

HK: Nur Gerüchte gibt es, Unwahrheiten...

MSM: Gerüchte? Erzählt!

HK: Da gibt es eine Anekdote über ein geheimes Atelier auf dem Dachboden, das Sie sich eingerichtet haben, verborgen vor den Augen der strengen Mutter, um das Malen zu lernen, als Sie etwa 12 Jahre alt waren.

MSM: – lacht herzlich – Da konnte ich das Aquarellieren schon recht ordentlich, und wie hätte ich das wohl anstellen sollen, heimlich, wißt Ihr denn nicht, wie wir gewohnt haben damals?

HK: Ich sage es ja, Gerüchte, auch über Ihre Ehe, die Scheidung, deren Gründe...

MSM: So?

HK: Ja, Sie sollen geiheiratet haben, um der mißgünstigen Mutter zu entkommen, und nur um geschieden zu werden, sollen Sie in die Sekte der Labadisten eingetreten sein. Dort haben Sie doch Selbsterforschung üben müssen, so werden Sie doch etwas dazu sagen können. Wie war es denn wirklich?

MSM: Weshalb, in Gottes Namen, interessiert Euch das? Mein Interesse galt immer nur der Erforschung von Gottes Schöpfung, auch in ihren unbedeutendsten Lebewesen. Es steht nicht zum besten damit, heute, so scheint mir.

HK: Zurück zu Ihnen. Wie war das, als der berühmte Vater starb, drei Jahre waren Sie da, in Ihren Büchern haben Sie sich als Matthäus Merians Tochter bezeichnet. Welche Bedeutung hatte er für Sie, für Ihr Werk?

MSM: Seht, da kommt Herr Commelin, der Direktor des Gartens. Ich möchte ihm einige Pflanzen und Tiere zeigen, die mir meine Tochter aus Westindien geschickt hat. Ihr müßt mich nun entschuldigen. Ich fürchte, Ihr seid jetzt so klug wie zuvor.

Noch immer behält sie ihr eigenes, ihr privates Leben für sich. Sie hat keine Tagebücher, keine Autobiographie, nicht einmal ein Selbstbildnis hinterlassen. Wie also sich ein Bild von ihr machen? Doch gibt es wenigstens das in Büchern über Maria Sibylla Merian immer wieder abgebildete »Basler Portrait«. Es zeigt sie mit 32 Jahren, 14 Jahre nach der Heirat. Ein nicht unbedingt schönes, blasses, etwas breitflächiges Gesicht, aber voller Kraft und Ausdruck. Die hohe Stirn umrahmt von dunklen Locken, über braunen, klugen und wachen Augen. Das Gesicht ist von herbem Reiz, streng die Züge, Bestimmtheit ausdrückend. Aufmerksam ernst ihr Blick, der kleine Mund unter der großen geraden Nase, ein kleines, wissendes Lächeln. Ein schwarzes Kleid, mit einem steifen, hohen, weißen Kragen, der zusammengehalten wird durch eine Brosche mit dunklen Steinen. Eine Perlenkette, zweireihig, dazu die Ohrringe, große tropfenförmige Perlen. Dieser Frau macht niemand ein X für ein U vor, die weiß, was sie will und wo es langgeht. Doch nützte ihr das, in jener Zeit?

Das Bild trägt auf der Rückseite die Inschrift – Maria Sibylla Merian/Aet. suae 32, Anno 1679. – Doch ach... auch hier: Erst kürzlich hat Paul-Henri Boerlin, Kurator am Basler Kunstmuseum, nachgewiesen, daß es sich bei der Abgebildeten nicht um Maria Sibylla Merian handeln kann. So bleibt nur das Gruppen-Familienbild, das sie als Dreijährige zeigt, und ein Kupferstich, der sie kurz vor ihrem Tod abbildet. Dazwischen liegt das Rätsel um ihre Person.

Der berühmte Vater: Matthäus Merian

Man schreibt den 31. März des Jahres 1647.
Ein langer, strenger Winter ist hoffentlich zu Ende. Hier und da, an Waldrändern und schattigen Stellen halten sich noch Schneereste, doch schon zeigt sich das erste Grün auf den fruchtbaren Auen, von denen jetzt leichte Schwaden von Bodennebel aufsteigen und in die Krähenschwärme auf der Futtersuche einfallen.
In der Morgendämmerung waren sie aufgebrochen. Den ganzen Tag hatte der rauhe Wind die Regenböen schräg vor sich hergetrieben. An Tagen wie diesem hokken auch die Räuber lieber ums warme Feuer. So waren sie wenigstens von Mordgesindel verschont geblieben. Nun, da es auf den Abend zugeht, hat der Wind gedreht. Der rauhe Nordostwind, der vom Taunus herübergeblasen hatte, ist dem milderen Südwestwind unterlegen, der vom Maintal her die graue Wolkendecke aufgerissen hat. Vor kurzem erst hatten sie die Nidda, die sich in vielfachen Schlingen träge durch die Wälder und fruchtbaren Lößböden der Ackerfluren schlängelt, auf einer Furt durchquert. Sie kommen auf den vom Regen und Tauwetter tiefgründigen Wegen nur langsam, zu langsam voran, doch nun taucht der weiße Kirchturm von Rödelheim hinter einem Hügel aus dem Dunst auf. Der alte Mann hustet, zieht fröstelnd seinen nassen Pelz enger um

die Schultern, saugt bibbernd ein paar Regentropfen aus dem grauen Bart, schneuzt sich mit den Fingern die kräftige, fast klobige Nase und ruft dem Knecht auf dem Kutschbock heiser ein paar Worte zu. Der treibt das Pferd mit Peitschenhieben an. Der Alte versinkt in seinen Gedanken. Dieses Mal hat er bei seinem nur kurzen Kuraufenthalt in Schwalbach keine Erholung gefunden. Er fühlt sich immer noch erschöpft. Seine Gedanken schweifen voraus, nach Hause.

Wird er noch vor Einbruch der Nacht ankommen, so wie er es bei seiner Abreise versichert hat? Er ist unruhig. Sie kommen nicht schnell genug voran. Immer wieder müssen sie tiefen Schlaglöchern oder sumpfigen Stellen ausweichen, um keinen Achsenbruch zu riskieren. Aus der Gegenrichtung nähert sich der knarzende, schwerbeladene Ochsenkarren eines Holzhändlers. Ein kompliziertes Ausweichmanöver auf dem engen Weg. Keiner will in den matschigen Acker. Geschimpfe, Drohungen gar. Endlich geht es weiter. Schwatzende Bäuerinnen eilen dem kleinen Ort zu. Von fern hört er einen Postreiter auf dem Horn blasen. Kurz bevor sich die Dämmerung über das Land senkt, brechen die Strahlen der untergehenden Sonne wie Fühler, die nach der dampfenden Erde greifen, durch die aufbrechende Wolkendecke. Der Knecht hält das Pferd an, steigt ab, scheucht dabei ein davonwetzendes Kaninchen auf. Er pinkelt. Der Alte wird ungeduldiger. Sie müssen Frankfurt erreichen, bevor die Stadttore geschlossen werden. Da kommt endlich Bockenheim in Sicht. In der Nähe des Dorfes schraubt sich eine Rauchsäule in den Abendhimmel. Ist das Dorf überfallen, in Brand gesetzt worden, niedergemetzelt die Männer, die Frauen geschändet, von einem versprengten Trupp schwedischer Soldaten? Von ferne Hundegebell, etwas näher Hahnenruf. In der Nähe der Stadt ist die Straße in besserem Zustand, schneller geht es nun voran und bald sieht er den Kranz der Wach- und Wehrtürme vor sich, überragt vom mächtigen Turm der St.-Bartholomäus-Kirche, und ihrer Kuppel, wie eine goldene Krone leuchtend in der Abendsonne. Eng drängen sich innerhalb der Mauern die schmalen Fachwerk- und Giebelhäuser. Oft hat er diese Ansicht auf Kupfer gestochen. Doch nun bedrücken ihn Sorgen. Seitdem der Krieg wütet und immer wieder die Pest aufflammt, sind die Einnahmen spärlich geflossen, nur mit Mühe hat er seinen Verlag durch die Wirren geführt. Der Knecht treibt vergeblich den erschöpften Kaltblüter ein letztes Mal an. Auf einer schmalen Brücke überqueren sie den wassergefüllten Stadtgraben, der den Mauerring umgibt, nun durch das Tor – sie sind angekommen.

Um diese späte Stunde herrscht kein geschäftiges Treiben mehr in den engen, nun stillen Gassen Frankfurts. Die letzten Bewohner eilen ihren Häusern zu. Die Bettlerscharen haben sich in dunkle Winkel verkrochen. Der Karren biegt in die Buchgasse ein. Auf dem Mainuferweg lagern noch Stoffballen und Fässer, die auf Karren gepackt werden, während ein Lastkahn hastig entladen wird. Matthäus Merian ist wieder zu Hause.

Er begrüßt seine hochschwangere Frau, Johanna Sibylla, die er nach dem Tod seiner ersten Frau, Maria Magdalena, geheiratet hat. Er ist noch rechtzeitig gekommen. Die Geburt hat noch nicht begonnen. Die Frau bringt ihm einen Holznapf mit heißer Fleischbrühe, er schlürft langsam. Dann gießt sie mit Holzeimern heißes Wasser in einen großen Zuber. Er zieht die nasse Hose und das klamme Wams aus, ist nackt, schaudert in der Kälte des Raumes, steigt ins dampfende Wasser.

Zwei Tage später, an einem Freitag, wird Maria Sibylla Merian geboren.

Ihr Vater, Matthäus Merian, 55 Jahre alt bei ihrer Geburt, war ein berühmter Mann. Seit 1385 sind die Merians im Fürstbistum Basel nachgewiesen, als Säger, Flößer, Schiffsleute, Wirte, Pfarrherren und Beamte. Walther Merian, 1558–1617, hatte sich im Sägergäßlein in Kleinbasel niedergelassen und dort eine Sägemühle betrieben. Aus Walther Merians Ehe mit Margaretha Falkner entstammt als achtes von zehn Kindern der später berühmt gewordene Matthäus Merian, Maria Sibyllas Vater.

Zunächst sollte er wie sein Vater Sägemüller werden. Er weigerte sich. In Zürich ließ er sich zum Glasmaler und Kupferstecher ausbilden. Über Straßburg und Nancy kam er auf der Gesellen-Walz bis nach Paris. Mit dem großen Stadtplan von Basel, einem Meisterwerk, wurde er 1615 bekannt. Nun kamen Aufträge aus Augsburg, Stuttgart, Heidelberg.

Um 1616 muß er nach Frankfurt übergesiedelt sein. In Oppenheim bei Frankfurt lernte er Theodor de Bry kennen, dessen Vater 1570 als Flüchtling aus Lüttich nach Frankfurt gekommen war. De Bry war bekannt geworden mit seinen 1596 erschienenen Kupferstichen, in denen er die Massaker an den Indios durch Pizarros Truppen bekannt machte: brennende Indianerhütten, ermordete Dorfbewohner sowie eine wunderschöne, kolorierte Karte Amerikas, in deren Ecken Columbus, Vespucci, Magellan und Pizarro dargestellt sind. 1617 übergibt Merian dem Rat einen 111 cm breiten Kupferstich, eine Ansicht Frankfurts, auf drei Platten graviert, mit einer zeitgemäß überschwenglichen Lobrede auf die Stadt: »Der Kaiserlichen Stadt Frankfurt am Main, des geheiligten Wahlortes der Römischen Könige und Kaiser, des berühmtesten Handelsplatzes nicht allein Deutschlands, sondern ganz Europas akkurate Abschilderung«.

Hier würde er gerne bleiben. Gut gewählt, war doch Frankfurt Zentrum des Buch- und Verlagswesens, mit zwei Buchmessen jährlich, an Ostern und im Herbst, in den Gewölben der Buchgasse. Bald läßt er sich von de Brys Tochter »in Liebe verstricken«, wie sein Freund Sandrart es überliefert.

Am 11. Februar 1617, 25jährig, heiratet er die Tochter seines Meisters, Maria Magdalena de Bry. 1619 wird die erste Tochter, Susanna Barbara, geboren. Im folgenden Jahr verzieht die junge Familie nach Basel, zu dessen Bürgerschaft er gehört. Dort wird 1621 der älteste Sohn, Matthäus d. J., geboren. Im selben Jahr stirbt sein Schwiegervater. Die Witwe ist auf Merians Hilfe angewiesen. Es geht um den Weiterbestand des Verlags. So beantragt er beim Rat der Stadt Frankfurt, mit Hinweis auf den »baufälligen Leibzustand« der Schwiegermutter und deren Abhängigkeit vom Florieren der Werkstatt, »den Beisitz in Ihrer Statt bis auf die künftige Herbstmess des kommenden 1625sten Jahres.« Da persönliche Gründe weniger gelten als solche allgemeinen Nutzens, schreibt er weiter, daß »sich etliche Buchhändler schon hiervor beklagt, wie es an einem Kunst- oder Kupferstecher mangelt und sie zu ihrem Nachteil ausserhalb gesessener Personen ihr gelt zu verdienst geben müssen, welches viel Zeit und Unkosten erfordere, daher sie mich anhero gen Frankfurt wünschen möchten«. Er ist bereits angesehen, auch diplomatisch geschickt.

Am 4. April 1626 beantragt Merian beim Frankfurter Rat »sich in dieser Stadt Bürgerschaft zu begeben« und sagt zu, »Abschied von Basel herab zu holen und zu bringen«, das heißt, sein Bürgerrecht dort aufzugeben. So wird er Verleger, und bald fehlt ihm die Zeit für seine Kunst.

Seine beiden Schwäger und Miterben hat er ausbezahlen können. Auch als Verleger ist er erfolgreich. Er schafft ein Meisterwerk nach dem anderen. Er bringt 258 Bilder zur Bibel heraus: erstmals unter dem Signet des Storches mit der Schlange im Schnabel, dem »Ciconia Meriani«, sein Markenzeichen von nun an. Seiner neuen Heimatstadt widmet er nun, 1628, wie früher schon Basel, einen großen Plan auf vier Kupferplatten, eine sehr detailgenaue Luftaufnahme gewissermaßen, und das ist das Neue.

Bis zu seinem Tod, 1650, listen die Messekataloge über 130 Titel des Merianschen Verlags auf, von der Hebammenkunst über die Reitschule bis zum Schatzkämmerlein der Gesundheit. Weltbekannt wurden »Joh. Lud. Gottfridis Historische Chronica der vier Monarchien von der Erschaffung der Welt bis auf unsere Zeiten« sowie das »Theatrum Europaeum«, das die Schauplätze des Dreißigjährigen Krieges zeigt.

Das alles schafft er mitten in diesem Krieg, der Europa in Trümmer legt, in Hungers- und Pestnöten und Plünderungen. Die Städte haben zwar ihre Kornspeicher und Vorratslager, doch das flache Land leidet, und von dort gehen regelrechte Invasionen von Halbverhungerten aus, die in die ohnehin drangvolle Enge der Mauern ziehen und dort betteln, ausgehungert, zerlumpt, von Ungeziefer wimmelnd, von Schwären bedeckt und die möglichst schnell wieder vertrieben werden, wenn man sie überhaupt durch die Stadtmauern hereinläßt. Oder sie werden in Ketten gelegt und zur Säuberung der ekelerregenden Stadtgräben geschickt. Auf Grund dieser Zustände greifen Pocken, Brechruhr, Flecktyphus und die Beulenpest um sich. Den Totengräbern werden die Arme lahm, so wird berichtet. Vor allem sterben die Säuglinge, dann die Frauen. Die Pest hat immer nur die Armen befallen, möge Gott sich in seiner Gnade damit zufriedengeben, lautet das Stoßgebet eines Nicht-Armen. Es herrscht Chaos.

In dieser Zeit schafft Merian sein wichtigstes Werk. In Paris schon hatte er an Claude Chatillons »Topographie française« mitgearbeitet, nun will er wirklichkeitsgetreue Wiedergaben deutscher Städte vorlegen. Zunächst startet er einen Versuchsballon, die »Archontologia cosmica« mit den schönsten seiner bisherigen Blätter. Ein voller Erfolg. Nun legt er den ersten Band seiner »Topographia Germaniae« vor, seiner Heimat, der Schweiz, gewidmet. Verärgert ist er nur, weil die Schweizer Kantone Zug und Appenzell-Außerrhoden das Buch wegen der Fehler, »so in der Beschreibung ihrer Orte begangen, nicht annehmen wollen«. Im Text hatte er einen kleinen protestantischen Zipfel den Katholiken zugeschlagen. Zur Herbstmesse 1643 bringt er die Bände »Elsaß« und »Schwaben« auf den Markt.

1645 trifft auch noch eine persönliche Katastrophe die Familie. Seine Frau Maria Magdalena, die ihm sieben Jahre zuvor ihr achtes Kind geboren hatte, stirbt. Durch diese Not versucht der alte Merian seine Familie und den Verlag zu steuern. Kein Wunder, daß er erschöpft ist, von Sorgen bedrückt und krank. Ende Januar 1646, ein dreiviertel Jahr nur nach dem Tod seiner ersten Frau am 11. Mai 1645, heiratet er Johanna Sibylla Heim. Schließlich mußten der Hausstand und die Kinder versorgt werden. Auch war er immer wieder kränklich und pflegebedürftig, ließ aber ein gutes Erbe erwarten.

Die Frankfurter Ratsherren bittet er in einem Brief – seine früher so schwungvolle, selbstbewußte Handschrift zeigt seine Schwäche – um eine Privattrauung in seinem Haus, da er »von mancherlei Schwachheiten immerzu zeitlich überfallen werde, in solchem Zustand treue Hilfe und Wartung« brauche.

1646 bringt er den nächsten Band, »Hessen«, darin Frankfurt, heraus. Hierin signiert er seinen letzten Kupferstich mit »M. Merian Sen(ior) fecit 1646«, als wolle er den Platz für den jüngeren Matthäus, seinen ältesten Sohn, bereiten. Sein kleiner Liebling, Maria Sibylla, ist gerade eineinhalb Jahre alt, da wird am 24. Oktober 1648 endlich in Münster und Osnabrück der Westfälische Frieden geschlossen, der den Dreißigjährigen Krieg beendet.

Ein weitgereister, berühmter Mann, ein erfolgreicher Unternehmer war er gewesen, auch wenn durch die unsicheren Zeiten mancher Auftrag ausgeblieben war und man den Gürtel enger hatte schnallen müssen. Krieg und Pest hatten die Bevölkerung Deutschlands auf die Hälfte dezimiert. Höfe und Kirchen steckten ihr Geld in den Krieg. Bürger brauchten Brot, keine Bücher. Wallensteins Tod, Gustav Adolfs Einzug in Frankfurt, die Kämpfe um Kreuznach, Prag und Magdeburg hatte der alte Merian in Kupfer gestochen. Fast sein ganzes Berufsleben war vom Krieg überschattet und verdüstert. Als endlich Frieden kam, war er ein alter Mann.

Am 19. Juni 1650, Maria Sibylla ist inzwischen drei Jahre alt, stirbt der alte Merian während einer Kur in Bad Schwalbach. Er hinterläßt zwei kleine Kinder aus zweiter Ehe. Am 22. wird er auf dem Petersfriedhof in Frankfurt, inmitten von Gärten und Obstbäumen an der Stadtmauer gelegen, zu Grabe getragen.

Nach dem Krieg war das Land eine Wüste. Bürger und Bauern hungerten weiter. Verhungern oder rauben und morden war die Alternative. Die Landbevölkerung aß Gras. Die Not war so groß, daß Fälle von Kannibalismus vorkamen. Menschen wurden auf dunkler Straße überfallen, niedergemacht und verzehrt. Merians ältester Sohn entging nur knapp diesem Schicksal, wie Sandrart berichtet.

Dazu herrschte ein Zustand der Erstarrung allen geistigen Lebens, Duckmäuserei und Spießertum. Die kühnen Geister der Reformationszeit waren demütig geworden. Als Reaktion auf den Zerfall aller Ordnung und Sitten übte sich das Volk in Versenkung und Verinnerlichung. Mystisch erbaulich und schwärmerisch keimte der Pietismus.

In diese fürchterliche Zeit wurde Maria Sibylla hineingeboren, keine guten Voraussetzungen für ein erfolgreiches Leben. Würden Not und Mangel in allen Lebensbereichen sie niedergeschlagen und reizbar machen, anfällig für Krankheiten, von schwierigem Charakter, ihren Mitmenschen zum Verdruß? Oder würden die existentiellen Nöte, der Kampf ums nackte Überleben und der rettende Rückzug in die Frömmigkeit Maria Sibyllas Charakter ebenso stärken wie die früh erfahrene Geborgenheit und Liebe des berühmten Vaters und die praktische Bodenständigkeit der Mutter?

Familienbild

Im Vorwort einer weiteren Auflage seines »Baseler Totentanzes«, der in Anbetracht der Zeitläufte viel gefragt war, schreibt der alte Merian 1649, er wisse »keinen besseren Ausdruck der Liebe zu seinen nächsten, als sie an diesen wunderlichen (Toten-)Tanz zu erinnern. Denn keiner kommt an diesem Reigen vorbei.« Seine Mahnung an die Vergänglichkeit des Menschen als Ausdruck seiner Liebe mutet uns Heutige makaber an.

Sind es die Gedanken eines Mannes, der weiß, daß er bald sterben wird? War es an seine Kinder aus erster Ehe gerichtet? Kannte er seine Pappenheimer und wollte sie an ihre Pflichten der Familie gegenüber erinnern?

Nach Aussagen des ältesten Sohnes Matthäus d. J., in seiner Selbstbiographie, war Frau Heim für die Kinder eine »Stiefmutter, wie sie im Buche steht«. Streng, engstirnig, mit wenig menschlicher Wärme, ohne Sinn für künstlerische Talente. Das klingt nicht nach mütterlicher Liebe, Nestwärme, es klingt nach Pflichterfüllung, strengen Blicken und Freudlosigkeit. Und nach wenig Sympathie, ja nach Spannungen auf beiden Seiten. Doch können wir uns auf die Aussagen des jüngeren Merian verlassen? Es gibt vieles, was gegen sein Zeugnis spricht. Für den alten Merian war sie die richtige Wahl.

Das Bild der strengen Stiefmutter, die allen, auch Maria Sibylla, der eigenen Tochter, das Leben schwermachte, von ihren Interessen und Forschungen nichts wissen wollte, ihre Studien und ihre Malerei am liebsten verboten hätte, ihrem Insektensammeln mit abergläubischem Mißtrauen gegenüberstand und eine gute Hausfrau aus ihr machen wollte, durchzieht die Biographien. Dieses Bild entstand aber auch, weil Normen und Werte, die uns geläufig sind, auf die Menschen jener Zeit zurückprojiziert wurden. Ein stimmiges Bild von den Personen und ihrem Leben erhalten wir nur, wenn wir sie aus ihrer eigenen Sicht betrachten. Die Eltern Maria Sibyllas und mehr noch sie selbst lebten in einer Zeit der Veränderung, des Wandels von Werten und Normen, wie ihn Europa seitdem nicht mehr erlebt hat. Alle Lebensbereiche waren betroffen: von der Rolle der Geschlechter, der Funktion von Liebe und Ehe, über die Bedeutung der Kinder, bis zu den Formen des Zusammenlebens.

Das wird sich ausgewirkt haben, sei es als Verunsicherung, Schwanken zwischen Altem und Neuem, sei es als ängstliches Festhalten am Hergebrachten, vielleicht auch als kreative Herausforderung.

Liebesheirat, überhaupt Gefühlsbeziehungen, ja sogar Mutterliebe, spielten in der Zeit, in der Maria Sibyllas Eltern aufwuchsen, keine Rolle. In einer Zeit, in der die Sterblichkeit derart hoch war, konnte man es sich nicht leisten, eine intensive Gefühlsbeziehung zu seinen Kindern oder Partnern aufzubauen, sie zu lieben. Wie hätte man anders den Tod von drei Kindern und zwei Frauen verkraftet? »Ich hatte weder Affectionen noch Zuneigung zu meiner Frau und habe doch mit ihr in 14 Jahren 10 Kinder gezeugt«, so ein Bericht aus jener Zeit.

Weshalb heiratete Johanna Sibylla Heim den zwar angesehenen, aber alten, kranken, kinderreichen Mann?

Eine Liebesheirat, wie vermutet wurde, war es nicht. Waren es Standesgründe? Lief ihr heiratsfähiges Alter ab? War sie eine mitleidige Seele, opferbereit? Wollte sie versorgt sein?

Das alles spielte sicher eine Rolle. Sie war eine bodenständige, hausbackene Dame, in Geldsachen »wohlversiert«, tüchtig, realistisch denkend, von tiefer Frömmigkeit, das damalige Idealbild einer Hausfrau. Sibyllas Mutter, ein typisches Kind ihrer Zeit, ganz den geltenden Werten verhaftet, hatte sicher nicht das Gefühl, ihre Ehe sei »ein Kefich, worein wir gesperrt werden, niemand hat den Schlüssel darzu als der Tod«. Maria Sibylla aber würde dieses Schicksal nicht mehr als gottgegeben hinnehmen.

In dieser allgemeinen Zerfallsperiode, in der sich alle Ordnung auflöste und die Existenznöte immens waren, wurde die Familie Schutz und Refugium. Das erforderte Gefühlsbindungen. Diese werden auch sichtbar in den Gemälden der Zeit. Frühere Genrebilder hatten das Leben auf der Straße gezeigt. Mütter stillen ihre Kinder, wischen ihnen den Hintern ab, in aller Öffentlichkeit. Nun erst entstehen Familien-Gruppenporträts. Neu ist nun der Wunsch, die Zusammensetzung der Familie festzuhalten. Gesten unterstreichen die Verbundenheit. Oft ist das Kleinkind Mittelpunkt der Komposition. So auch auf dem Familienbild der Merians, auf dem der alte Merian ein Jahr vor seinem Tod die kleine Maria Sibylla nachträglich einfügen läßt.

Im Vergleich zu den damals gültigen Normen und Werten waren ihre Eltern, auch die Mutter, tolerante, gar liebevolle Eltern.

Im Taufbuch No 10 decamo 1642–1647, Blatt 292, trägt am Sonntag, den 4. April 1647, zwei Tage nach der

Geburt, ein Schreiber mit frisch geschnittenem Gänsekiel und schnörkeliger Schrift Maria Sibyllas Taufe ein. Das erste Kind aus Matthäus' zweiter Ehe erblickt das Licht einer trostlosen Welt. Ein Menschenalter schon herrschten Kriegswirren, Pest und immer wieder Hungersnöte.

Weshalb zeugten die beiden, ein Jahr nach der Eheschließung war die Geburt, ein Kind? Er von schwacher Gesundheit. Ein Paar der Vernunft, nicht der Liebe. Wollte Frau Heim sich ein Erbe sichern, falls es überhaupt etwas zu erben geben würde? Loderten im alten Merian durch die Heirat neue Kraft und Lebendigkeit? Wollte er durch ein neues Leben das eigene wieder anfachen?

Die Ehe war für beide vor allem eine praktische Lösung. Sein Haushalt, das jüngste Kind aus erster Ehe, Joachim, waren versorgt, und er hatte Pflege. Sie war eine sehr pflichtbewußte, tüchtige Frau, die Tochter des Rentmeisters Gandolph Heim. Vor der Ehe hatte sie bei ihrem Bruder, einem holländischen Prediger, in Hanau gelebt. Dieser hatte 1644 ein Buch veröffentlicht mit dem Titel: »Vinculum gratiae, das ist das Buch des innerlichen und äußerlichen Gottesdienstes der Gläubigen im Neuen Testament«. So können wir uns vorstellen, daß Maria Sibyllas Mutter von einer strengen Frömmigkeit geprägt war und für weltliche Vergnügungen wie modischen Schnickschnack nicht viel übrig hatte. Ora et labora wird wohl ihr Motto gewesen sein. Kochen, Einmachen, Lichte ziehen, Seife kochen, Spinnen, Weben, die Erziehung der Kinder und die Aufsicht über das Gesinde waren ihre Pflichten. Woher sollte sie am Ende ihres arbeitsreichen, eintönigen Alltags mit sechzehn Arbeitsstunden noch die Geduld nehmen für die Fragen und Erzählungen ihrer aufgeweckten Tochter? Verdient sie nicht eher unser Mitgefühl, »die Schwiegermutter, wie sie im Buche steht«?

Erstaunlich ist, daß Maria Sibylla all diesen an sie vermittelten traditionellen Normen zum Trotz in allen Lebensbereichen zu eigenen, zum Teil abweichenden Standpunkten gelangen, ihre Talente ausbilden und ihren Neigungen nachgehen konnte, sei es in Ehe, Kunst und Wissenschaft oder im Glauben. Unabhängiges Denken und Handeln, Geduld, Gottvertrauen, Liebe zu ihren Mitmenschen, besonders zu ihren beiden Töchtern, später auch aufopferungsvolle Pflege ihrer Mutter zeichneten sie aus, verbunden mit einem unerschöpflichen Schaffensdrang und einer grenzenlosen, forschenden Neugier.

Der alte Merian, das zeigt uns das Familienbild im Basler Kunstmuseum, war eine markante, würdige, stolze Erscheinung, mit klaren Zügen und klarem Blick, sicherer Mittelpunkt seiner Familie. Er muß sehr stolz gewesen sein auf die kleine Nachzüglerin. Wir wissen heute, was der Glanz im Auge der Eltern für das Gedeihen eines Kindes bedeutet: Vertrauen in sich und die eigenen Fähigkeiten, Furchtlosigkeit und Selbstbestimmtheit. Er gab dieser Tochter die Vornamen seiner beiden Frauen.

In seinem letzten Lebensjahr läßt er auf dem Ölbild, 1642 von Matthäus d. J. gemalt, das ihn im Kreis seiner Familie zeigt, die kleine Maria Sibylla nachträglich einfügen. Da steht die Kleine, vor Caspar, wie in seinem Schutz, in der rechten vorderen Ecke, und schaut zu ihrem Vater und ihren Halbgeschwistern auf. Das kleine Pummelchen im türkisblauen Kleid mit Puffärmelchen schleppt den Gipskopf des sterbenden Laokoon an. Der Vater unterhält sich mit seinen beiden Ältesten, Caspar rechts und Matthäus links, über einen architektonischen Plan. Man sieht darauf die Jahreszahl 1641. Matthäus d. J. zeigt sich selbst recht nachdrücklich als der Maler des Bildes durch die auf die Brust gelegte Hand. In der hinteren

Reihe steht die Mutter, umgeben von ihren Töchtern Susanna Barbara und Magdalena. Die 1629 geborene und schon 1649 verheiratete Tochter Maria Magdalena ist nicht auf dem Bild. Während die Älteren nach französischem Geschmack antikisiert drapiert sind, tragen Maria Sibylla und Joachim, die beiden Jüngsten, die Tracht der Zeit. Als Staffage im Zeitgeschmack, aber auch wie der Totentanz als Symbol der Vergänglichkeit, liegt neben Matthäus Merian ein Totenkopf. Dieses Thema scheint ihn zeitlebens beschäftigt zu haben. Bereits 1621, noch in Basel, sammelte er eine alte Volksüberlieferung, nach der der Großbasler Totentanz zur Erinnerung an die große Pestepidemie gemalt wurde, die 1439 Basel heimsuchte. Ob der Kopf des sterbenden Laokoon nur Staffage ist, Reminiszenz an einen Besuch des Malers im Louvre, oder, wie der Totenkopf, ein den alten Merian beschäftigendes Thema andeutet, muß wohl offenbleiben, zumal unsicher ist, wer die Einfügungen vorgenommen hat.

Das Bild, familiäre Zusammengehörigkeit demonstrierend, wurde nach dem Tod Matthäus Merians von der Realität widerlegt. Einzig zu Caspar, dem Maria Sibylla schon auf dem Bild nächsten, bestand zeitlebens eine vertraute Beziehung. Mit den anderen Halbgeschwistern verband sie nur wenig. Als hätte Matthäus Merian, das vorausahnend, mit der nachträglichen Einfügung seine Lieblingstochter den Halbgeschwistern ans Herz legen wollen. Er hinterläßt ihr damit einen Beweis seiner Liebe.

Als er in Schwalbach stirbt, sind seine zweite Frau und die Kinder bei ihm. Ein erster, schwerer Schicksalsschlag für die Kleine, der sicher dazu beigetragen hat, daß sie ein nachdenklich ernstes Kind wurde. Sie muß ihn sehr vermißt haben.

Seine letzten Worte gelten der dreijährigen Maria Sibylla: Bin ich schon nicht mehr da, wird man noch sagen, das ist Merians Tochter. Die kleine Maria hebt er damit aus der Geschwisterreihe empor, ausgerechnet die Tochter der Kunstverächterin. Das Gekritzel einer Dreijährigen wird wohl nicht auf zukünftige Größe hingewiesen haben. Oft ist sie später nach Bad Schwalbach gereist, um ihm in Gedanken dort nahe zu sein.

Vermutlich herrschten bereits zu seinen Lebzeiten Animositäten zwischen seinen Kindern aus erster Ehe und deren Stiefmutter. Er scheint sich über den Charakter seines Erben, Matthäus d. J., im klaren gewesen zu sein. Alles mutet an wie ein letzter, beschwörender Versöhnungsversuch des Vaters. Die Widmung zum Totentanz, das nachträglich ergänzte Familienbild und seine letzten Worte. *Sie* sollte seinen Namen und sein Gedenken der Nachwelt erhalten.

Seine letzten Worte waren eine Auszeichnung, ein Beweis seiner Liebe und vor allem ein Auftrag. Sie wurden ihre Bestimmung. Doch davon wußte sie damals noch nichts.

Die strenge, fromme Mutter, der für sie frühe Tod des berühmten Vaters, die Animositäten der Stiefgeschwister, das alles wird sie in ihrer Entfaltung und Reifung geprägt haben. Sie muß sich sehr einsam gefühlt haben. Ein kurz nach ihr geborenes Geschwister war bald nach der Geburt wieder gestorben, der Altersunterschied zu den Halbgeschwistern war groß. Der nächste war Joachim, 13 Jahre älter als sie. Mit keinem verband sie etwas. Nur zu Caspar, dem zweitältesten, blieb eine vertraute Verbindung bis zu dessen Tod.

Über die Kindheit zur damaligen Zeit ist wenig bekannt. Sie war kein Gegenstand der Betrachtung. Auch über

Maria Sibyllas erste Jahre wissen wir nichts. Anekdoten sind überliefert, in denen Dichtung und Wahrheit kaum zu unterscheiden sind.

Ob sie bereits damals ein eher stilles, zurückgezogenes Mädchen war, das in den Büchern des Vaters und bei Caspar im Verlag herumstöberte, oder ob sie mit anderen Kindern Reifen trieb oder auf einem Steckenpferd ritt, wissen wir nicht. Vielleicht hat sie mit einem kleinen Kabinett aus hölzernen Miniaturgegenständen, die in Nürnberg angefertigt wurden, ähnlich den heutigen Puppenstuben, gespielt. Die Mutter wird ihr, wie damals üblich, als Gutenachtgeschichten belehrende, moralische Fabeln, z.B. die vom armen Lazarus und dem hartherzigen Reichen, erzählt haben.

Vor den ausgelassenen Tanzfesten der Erwachsenen, an denen auch die Kinder teilnahmen, könnte sie sich gedrückt haben. Ihre Interessen gingen früh in eine völlig andere Richtung. So oft sie konnte, entwischte sie auch der von ihren Sorgen bedrückten Mutter, die unter den Spannungen der Familie litt, in ihrer Frömmigkeit Trost suchte, wenn sie von den Kindern aus erster Ehe gemieden wurde, wobei vor allem Matthäus d.J. kaum noch die Form wahrte. Zwei durch den Tod des Vaters entzweite Parteien und sie mitten drin, zwischen den Stühlen, auf der falschen ungeliebten und jetzt auch verarmten Seite.

»Alles in betrübtem Stand«:
Der Zerfall der Familie

Der älteste Sohn trat nach dem Tod des Vaters eine Reise nach Norddeutschland an. Als er nach einem halben Jahr zurückkehrte, habe er »alles in betrübtem Stand angetroffen, weilen lauter hungerige Brüder und Schwestern mit einer Stiefmutter vorhanden waren, wo nur nach guter Erbschaft und nicht nach Fortgang der Handlung inclinierten. Worauf zur Theilung geschritten wurde.« So berichtet er in seiner Selbstbiographie.

Die Stiefmutter und ihre beiden kleinen Kinder bekamen »die Hälfte der Barbierkunst (Radierungen, Stiche), ... Mobilien ... und ein schönes Stück Geld, welches ihr mit Zeit abgelegt, aber indessen verinteressiret wurde. Sie heurathete den zweiten Mann, Morell, einen kleinen Maler, mit welchem sie das gute Geld verzehrt hat, also dass sie nach seinem Dott das Gnadenbrot bei ihrer Dochter essen must.«

Weshalb er nach dem Tod seines Vaters für ein halbes Jahr verschwand, wissen wir nicht. Jedenfalls scheinen die Brüder und Schwestern ein halbes Jahr gehungert zu haben. Er kann da nur Maria und ihr kleines Brüderchen meinen. Keiner der Stiefbrüder hat sich um sie gekümmert, und die Witwe stand offensichtlich ohne Mittel da. Nun mokiert er sich auch noch darüber, daß sie auf Teilung bestand, statt nach Fortgang der Handlung zu inklinieren, d. h. in erster Linie an den Verlag bzw. an ihn als Haupterben zu denken. So, man hört ihn stöhnen, mußte zur Teilung geschritten werden. Die Stiefmutter erhält 1200 Gulden, jedes der zwei Kinder 1300 Gulden, auch für damalige Verhältnisse eher ein knappes Stück Geld, zumal in Anbetracht der Münzverschlechterung, als Anteil an einem renommierten Verlag. Das war das Ergebnis der Erbstreitereien. Um sich selbst reinzuwaschen, behauptet er dann noch, sie habe das Geld mit ihrem zweiten Mann leichtfertig-verschwenderisch durchgebracht und sei deshalb Maria Sibylla, später als Witwe, auf der Tasche gelegen.

Wie gerne wüßte man Näheres. Wir erinnern uns, sie soll in Gelddingen »wohlversiert« gewesen sein. Leicht wird sie es dem knausrigen Stiefsohn nicht gemacht haben, schließlich hatte sie eine ungewisse Zukunft mit zwei kleinen Kindern vor sich. Nach nur vierjähriger Ehe stand sie vor dem Nichts. Der Ton des jüngeren Matthäus klingt egoistisch, kühl, als handle es sich um rein geschäftliche Angelegenheiten. Seine kleinen Halbgeschwister, des Vaters Lieblingstochter, sie wurden billig abgespeist. Dieses gefühllose Verhalten war auch zu dieser Zeit durchaus ungewöhnlich, denn Zugehörigkeit zur Familie verpflichtete zu gegenseitiger Hilfe, bildete die Verwandtschaft in bürgerlichen Kreisen doch eine Insel der Vertrautheit in einer Umwelt, die oft genug bedrohlich war. Andererseits lautet ein geflügeltes Wort dieser Zeit: Wohltaten werden einem nicht aufgedrängt. Daran hielt er sich, mißmutig und lieblos. Mag sein, daß ihm der Tod des Vaters höchst ungelegen kam, mußte er doch seine Karriere zugunsten des Verlags aufgeben. Er war weltgewandt, aber oberflächlich, »serviler Agent mehrerer deutscher Fürsten und hatte sich einen Namen gemacht als Porträtmaler in London, Antwerpen, Paris und Rom«, wie Deckert schreibt. Sein bewegtes Leben, mit Reisen, Anerkennung und gutem Einkommen, das hatte nun ein Ende. Er, Caspar und ein Schwager übernahmen den Verlag, ohne Schulden, trotz sogenannter Teilung, und setzten zunächst einmal die vom Vater 1642 begonnene Topographie erfolgsträchtig fort. Der Name Merian war Gold wert. Die Mutter war an keinem Gewinn mehr beteiligt.

Schließlich vollzog man auch die räumliche Trennung. Sie wohnte mit Maria Sibylla zur Miete, in Frankfurts Stadtzentrum, in der Nähe des Karmeliterklosters. Bescheiden ist die Einrichtung, vom Erbe muß gezehrt werden. Es schmilzt dahin.

Zwischen Kunsthandel und Verlagshaus

Die einzige Lösung bot der Witwe eine neue Heirat. Bereits im Sommer 1651 heiratet sie den aus Frankenthal, aus einer reformierten Emigrantenkolonie stammenden 37jährigen J. Morell, in der Literatur auch hin und wieder Marell genannt (1614–1681), Sohn eines Syndikus. Nach achtjähriger Ehe war seine erste Frau, Tochter eines Silberschmieds, gestorben. Auch er stand mit drei kleinen Kindern allein da. Von einem reichen Verwandten, dem Goldschmied Jacob Plenis, hatte er eine gute Erbschaft gemacht, die es ihm erlaubt hatte, nach Frankfurt zu ziehen, wo er dann in Matthäus Merians Haus Maria Sibyllas Mutter kennenlernte.

Immerhin war der erste Lehrer des »kleinen Malers« in Frankfurt der berühmte Georg Flegel (1566–1638) aus Olmütz gewesen. 13jährig war er zu ihm gekommen, danach lernte er bei bekannten Meistern, so bei dem berühmten Blumenmaler Davidsz de Heem, in Antwerpen und Utrecht, wo er der Sankt-Lucas-Gilde angehörte. Morell führte das Genre der Blumenmalerei in Deutschland ein. Immer wieder führten seine Reisen ihn nach Holland. In Utrecht, »in de Bloemhoff« in der Bergstraße, betrieb er einen lebhaften Handel mit niederländischen Gemälden.

Holland war damals das Land mit der größten Bilderproduktion. Da es dort keine Adelshöfe gab und auf Grund der Reformation auch keine kirchlichen Auftraggeber, spielte der bürgerliche Kunstmarkt früh schon die entscheidende Rolle. Holland war überflutet mit Kunstwerken. Die Jahrmärkte in Rotterdam, Amsterdam und Utrecht waren mit Bildern überfüllt. Bürger- und Bauernhäuser waren geradezu mit Gemälden tapeziert. Die Preise waren dank des Überangebots niedrig. Hier kaufte Morell preiswert die Bilder, die er in Frankfurt an eine reiche Kundschaft brachte, um seine vielköpfige Familie zu ernähren. Viele mühsame, gefährliche Reisen muß er gemacht haben. Auch mit dem Malen von Tulpenkatalogen für Tulpenhändler hielt er die Familie über Wasser. Einer, gemalt für einen Gomez da Costa, findet sich in Amsterdam im Rijksmuseum. Er war ein tüchtiger Mann und ein guter Familienvater, und man fragt sich, was der jüngere Matthäus in der Mördergrube seines Herzens trug, um ihn derart verächtlich darstellen zu müssen. Die Mutter hatte eine gute Wahl getroffen, für Maria Sibylla war er ein Glücksfall.

Doch der Familie blieb nichts erspart. Marias Brüderchen aus der ersten Ehe der Mutter starb und bald auch zwei Kinder aus der Ehe mit Morell. Immer wieder war sie von früh an mit dem Tod konfrontiert. Die Auseinandersetzung damit wird zu ihrer großen persönlichen Reife und Mitmenschlichkeit beigetragen haben. Vielleicht sogar zu ihrem späteren leidenschaftlichen Interesse, der Metamorphose der Insekten, gilt diese doch als Symbol für Tod und Wiederauferstehung. Auf vielen Grabsteinen des 17. und 18. Jahrhunderts finden sich deshalb Schmetterlinge gemeißelt.

Mit dem Vermächtnis des Vaters wurden die ersten Weichen gestellt. Hier nun beginnen sich die Fäden abzuzeichnen, die sie später nach Holland führen werden. Zielsicher, Schritt für Schritt, konsequent und sinnvoll, geht sie bald ihren Weg, der sie über viele, oft leidvolle Stationen, von Holland weiter nach Surinam und zum Höhepunkt ihres künstlerischen und wissenschaftlichen Lebenswerks führen sollte.

Mit Morell kam wieder Leben ins Haus. Künstler und Kunstinteressierte gingen in seiner Werkstatt ein und aus. Das ernste Kind taucht wieder auf aus seiner Nachdenklichkeit. Farbtöpfe, Leinwände, Staffeleien und Pinsel zogen sie an. Sie findet vieles zum Schauen und Bestaunen, Ölbilder, Blumenstilleben, Kupferstiche. Wie früher bei Vater Matthäus, richtig heimelig. Immer Neues bringt der Stiefvater von seinen Reisen mit, viel hat er zu erzählen und weckt damit ihre Neugier und ihre Interessen. Denkt sie noch an die letzten Worte des Vaters, verspricht sie ihm in Selbstgesprächen, den Auftrag zu erfüllen, die Sechsjährige? Morell freut sich über das Interesse der Kleinen, erklärt ihr Farben und Kompositionen.

Ab und zu besucht sie Caspar im Merianschen Verlagshaus und sieht sich in der Druckerei um. Ein großer Raum ist das, etwas dunkel, wenig Licht dringt durch die bleiverglasten Butzenscheiben der Bogenfenster. Die holzvertäfelte Decke wird von Säulen gestützt. An einer Wand steht ein großer Kachelofen. Die grün glasierten Kacheln zeigen Bilder aus der Bibel. Überall stehen große Tische, von Papierstapeln bedeckt. Zwei raumhohe Druckpressen mit mächtigen hölzernen Schraubengewinden, Spindeln. Ein Geselle taucht den Druckballen, einen großen, pilzförmigen, mit Leder bezogenen Gegenstand, in die Druckfarbe aus Ruß und Firnis und bestreicht damit die Lettern. Dann legen Gesellen Papierbögen auf den Tiegel, befestigen sie mit Nadeln, drehen dann mit aller Kraft am Preßbengel. Einer zieht den bedruckten Bogen hervor, ein weiterer sortiert die Papierbögen zu anderen auf einen Stapel. In einer Ecke die Setzkästen mit den metallenen Lettern, an Stehpulten zwei Gesellen beim Setzen der Druckseiten. Caspar gibt Anweisungen, schaut hierhin, geht dorthin, prüft die frisch gedruckten Bögen, ist zufrieden mit dem Werk. Stolz zeigt er ihr nun die neue Walzenpresse. Mit ihr können endlich auch saubere, genaue Drucke von großen Kupferplatten hergestellt werden. Sie will selbst sehen, wie das funktionieren soll. Er erwärmt eine gravierte Kupferplatte, bestreicht sie mit Farbe, wischt sie an der Oberfläche wieder farbfrei, nur in den eingeritzten Vertiefungen liegt noch Farbe. Mit dem Bild nach oben legt er die Platte auf das Laufbrett, darauf den feuchten Papierbogen und auf diesen eine Lage Filz. Jetzt dreht er an einem Rad, seine ganze Kraft braucht er, das Ganze läuft zwischen den beiden Walzen durch. Auf der anderen Seite hebt er das Papier ab, ein Kupferstich liegt fertig vor ihr. Doch jetzt hat sie genug gesehen und bittet ihn um Bücher des Vaters. Sie blättert in Großvater de Brys »Florilegium novum«, einem Musterbuch, das sie später zu ihrem ersten Buch, dem Blumenbuch, inspirieren wird. Eindrücke, mit Gefühlen verknüpft: Ihr Großvater, den sie nie kennengelernt hatte, malte diese kunstvollen Blumenbilder. Sie nimmt auf und speichert. Sie stöbert in der fünfbändigen Naturgeschichte des Vaters. In seinem letzten Lebensjahr noch hatte er die letzten der 2 859 Bilder fremdartiger Tiere und Fabelwesen, von denen Reisende aus fernen Ländern berichteten, fertiggestellt.

Die Bienen, Käfer, Schmetterlinge und Raupen hatten es ihr besonders angetan. Woher kamen die Raupen, wie wurden sie zu Schmetterlingen? Nichts war dazu in den

Büchern zu erfahren, kaum etwas darüber bekannt. Da lagen sie, gedruckt auf Papier, in Reih und Glied, leblos und starr sahen sie aus. Das gefiel ihr nicht. Etwas fehlte, wie auch in den Sammlungen und Naturalienkabinetten, die Begüterte sich einrichteten und die sie ab und zu besichtigen durfte. Auch hier fand sie nur tote Natur. Ausgestopfte Tiere, gepreßte, entfärbte, blasse Pflanzen, mit kleinen Klebestreifen auf Papier festgehalten, zerbröselnd. Getrocknete Insekten, aufgespießt in Schachteln, manche von Milben angefressen, die leuchtenden, schillernden Flügel von Schimmel bedeckt. Nicht lebendig, bewegt, auf ihren Futterpflanzen, wie draußen in der Natur. Sogar die Stilleben des Stiefvaters sahen natürlicher aus.

Begierig lauschte sie auch den Berichten, die Besucher des Vaters von ihren Reisen mitbrachten. Jetzt, nach dem Krieg, waren Reisen wieder sehr beliebt. Begeistert wurde in den Salons fabuliert, von fernen Ländern, fremden Menschen und gefährlichen Tieren, märchenhafte Geschichten, aber wie wenig bekam sie zu hören an genauen Beobachtungen und Forschungen. Die Mutter hielt gar nichts von ihren Fragen. Ekliges Getier war das alles, nichts für junge Mädchen. Ihr Wissensdurst blieb vorerst ungestillt.

Und immer wieder hörte sie die Eltern über finanzielle Sorgen sprechen, trotz der sparsamen Haushaltsführung der Mutter, über fehlgeschlagene Geschäfte, ausgebliebene Aufträge. Offensichtlich war in dieser Welt das Glück knapp, aber groß die Mühsal der Arbeit. Künstler und Verleger zu sein, schien ein hartes Brot. Das muß sie sehr früh begriffen haben. So lernte sie Geduld, ihr »Kräutlein Patiencya«, das sie später so nötig hatte, bei ihren Forschungen und der Herausgabe ihrer kunstvollen Werke. Reich wurde man damit nicht. Aber es war ihre Welt, in der sie aufwuchs und in die sie eintauchte, wenn ihre häuslichen Pflichten es zuließen.

Freiräume

Viele Steine lagen ihr im Weg bei der Ausbildung ihrer erwachenden wissenschaftlichen Neugier.

Wissenschaftliche Werke waren nur Gebildeten, und das hieß damals Lateinsprechenden, zugänglich. In der Schule, in die sie nun, zehn Jahre alt, kam, lernte sie kaum etwas, das sie interessierte, Latein schon gar nicht. Diese Schule war ein Gefängnis. Dauernd gab es Strafen, oft sogar mit der Rute, nur weil sie eine Frage gestellt hatte, die nicht vorgesehen war. Doch sie konnte noch froh sein. Neben den vielen Jungen, die in die Schule kamen, war sie eines der wenigen Mädchen, die eine Schule besuchen durften. So lernte sie Lesen und Schreiben aus Anstandsfibeln, dazu Rechnen und Religion. Mehr nicht. Es gab immer noch genug Leute, die sogar das für ein Mädchen überflüssig fanden. Manchmal stöhnte auch die Mutter, wenn sie, statt Erbsen zu lesen oder den Lehmboden zu schrubben, über der Fibel saß. Noch mehr stöhnte sie über ihre Fragen, waren ihre eigenen Künste im Lesen und ihre Rechtschreibung doch mehr als mäßig. Ihre Briefe an die Verwandtschaft mußte der Vater schreiben. Aber so war es bei den meisten Frauen, die im Haus ein und aus gingen. Wollte sie etwas vorgelesen bekommen, aus dem »Cherubinischen Wandersmann« oder etwas von Gryphius, von denen der Vater der Mutter abends erzählte, von denen alle Welt sprach, so mußte sie schon den Vater fragen. Sie machte sich ernsthafte Sorgen, wie sie mehr erfahren sollte über die Dinge, die sie interessierten, die Käfer und Pflanzen, bei denen sie so viel Merkwürdiges beobachtete, was sie nicht verstand und worüber sie in den vorhandenen Büchern nichts fand. Und Latein konnte nicht einmal der Vater.

Das war ihr schon aufgefallen: Wissenschaftliche Bücher gab es nur von Männern. Kein Wunder, wenn die meisten Mädchen nicht einmal in die Schule durften. Religion war wichtig, um ein sittliches Leben zu führen; Rechnen konnte beim Einkaufen auf dem Markt nicht schaden, Lesen war noch geduldet, wie sollte man sonst die Bibel lesen, aber alles andere war unnötig, um Hausfrau zu sein oder die Kinder zu erziehen, was also wollte sie? Wenn die Mutter von einer alten, verwitweten Verwandten erzählte, die als alte Jungfer ohne Lebensunterhalt dahinsiechte und die ihre wohlhabenderen Brüder um Geld anbetteln mußte, um nicht zu verhungern, wehe sie sagte dann, daß sie deshalb etwas lernen wolle, es zu etwas bringen wolle, vielleicht gar selbst Bücher schreiben, um solch einem traurigen Schicksal zu entgehen. Sticken, Nähen, Kochen und die übrigen zahlreichen häuslichen Tugenden brachte ihr von klein an die Mutter bei, wollte sie sie doch zu einer tüchtigen und gehorsamen Hausfrau heranbilden, denn Ziel der Mädchen sollte einzig und allein die Heirat sein. Auf diese Pflichten hatte Frau Heim ihre Tochter von klein an mit Strenge vorzubereiten. Ehrgeiz, sich durch selbständige Leistung draußen in der Gesellschaft hervorzutun, war für Frauen völlig fehl am Platz. Maria Sibylla zeigte sich fleißig und gelehrig, die Mutter war's damit zufrieden und ließ sie nach getaner Arbeit zu Caspar ins Verlagshaus ziehen.

Dort beobachtet sie ihn, 1658, wie er die Frankfurter Kaiserkrönung Leopolds des Ersten und dessen Zug zur Feier vor den Römer auf Kupferplatten stichelt. Mit einem eisernen Grabstichel, befestigt an einem hölzernen Griff, vorne spitz, ritzt er feine Linien in die große, polierte Kupferplatte, die vor ihm schräg auf einem Pult liegt. Immer wieder vergleicht er mit der gezeichneten Vorlage. Für breitere Linien oder Flächen nimmt er ein vorne breiteres, rundes oder flaches Werkzeug. Mit einem Schaber entfernt er die kleinen, aufgeworfenen Kupferspäne entlang der Linien. Die so hergestellten Vertiefungen der Platte sollen später, beim Druck, die schwarze Farbe aufnehmen. Je tiefer die Linie, so erklärt er ihr, desto dunkler erscheint sie auf dem Papier. Hellere oder dunklere Schattierungen erreicht er durch engeren oder weiteren Abstand der Linien.

Alle Welt war auf den Beinen gewesen, das pompöse und seltene Schauspiel mit eigenen Augen zu sehen, und sicher war die Elfjährige, vielleicht an Caspars Hand, mit ihm auf dem Römer gewesen, wo sich die Kurfürsten über die Kandidaten berieten, um dann über den Markt zum Dom zur Wahl zu schreiten. Ochsen wurden am Spieß gebraten, ein Brunnen spendete Wein. Aufgeregt wird sie die Majestäten beobachtet haben. Vielleicht von einem Balkon aus, Caspar wird für gute Sicht gesorgt haben, mußte er doch für sein Kupfer genau beobachten können, wie jene in feierlichem Ornat, in purpurroter Seide, mit Perlen und edlen Steinen besetzt, begleitet von Herolden, in ihren Kutschen heranfuhren und der soeben Gekrönte die Reichskleinodien, Szepter, Krone, Reichsapfel tragen mußte. Dann vielstimmiges Jubelgeschrei, als der neue Kaiser sich auf dem Balkon zeigte. Münzen wurden unter das Volk geworfen.

Wo aber eigener Wille und Interesse nicht geduldet wurden, griff sie auf ihre bereits früh ausgebildete Tugend zurück: nachdenklicher Rückzug ins eigene Innere, Absonderung nach außen; wenn es sein mußte, bis zur Heimlichkeit. Heimlich richtet sie sich auf dem Dachboden eine eigene kleine Werkstatt ein. So wird berichtet. Und da die Anekdote so zauberhaft ist, will ich sie gerne glauben, obwohl mir das auf einem dunklen Speicher, in den engen Häusern der Zeit, mit ihren vielen Bewohnern, Familie und Gesinde, Lehrlinge und Schüler, alles unter einem Dach, unbemerkt von der Mutter, zu romantisch vorkommt. Und woher hatte sie Farbtöpfe, Pinsel und Pergamentreste? In Vaters Werkstatt, im Parterre, stibitzt? Jedenfalls berichtet die Überlieferung, daß sie hier oben zu üben begann. Und es würde gut zu ihr passen, zu ihrem später so unbändigen Willen, sich mit ihren Neigungen durchzusetzen, einen einmal eingeschlagenen Weg beizubehalten, immer findig bezüglich der Mittel zur Ausführung.

Die ganze Sache flog aber bald auf, so berichtet die Legende weiter, und wird immer unglaubwürdiger, aber auch immer romantischer. Eines Nachts soll sie sich in den Garten eines Grafen Ruitmer geschlichen haben, um eine seiner kostbaren Tulpen auszugraben. Der Herr war außer sich, am Rande eines Nervenzusammenbruchs, als er lustwandelnd durch seine Botanik schlenderte und den Diebstahl entdeckte. Unsummen hatte er dafür ausgegeben, wie es damals üblich war. Manch einer soll sich für seltene Tulpenzwiebeln in den Ruin gestürzt haben.

Im Vorwort zu ihrem »Neuen Blumenbuch«, zweite Auflage, 1680, 20 Jahre später, mokiert sie sich darüber. »Eine Blume / von den Tulpenhändlern Semper Augustus genant / habe man für 2000 Niederländische Gülden verkaufft; welche ums Jahr 1637 für kein Geld mehr zu kauffen gewest / dieweil derer nur zwo / eine zu Amsterdam / die andere zu Harlem / vorhanden waren ... / Auf diesen Handel / weil er anfangs so wol trug / begaben sich die Leute so gar / dass die Weber ihre Stühle zu Geld gemacht / und an die Blumen gelegt: Ihrer viele haben schöne / köstliche Häuser / Landgüter / und alles / was sie gehabt / verkaufft / ... nur dass sie mit einer flüchtigen Augenweide lüsterne Hertzen eine kurtze Zeit ergötzen.«

So spricht die sparsame Hausfrau und kann über derartige Extravaganzen nur den Kopf schütteln. Flüchtige Augenweide, ein lüsternes Herz, das waren nicht ihre Werte, so wenig wie Verschwendung und finanzielle Risiken. Bescheidenheit und Genügsamkeit hatte sie lernen müssen. Nicht dem egoistischen Besitz einer Rarität, dem Naturganzen als Abbild der göttlichen Schöpfung galt ihr Interesse.

Die Bemerkung Sibyllas wirkt in ihrem Vorwort, 43 Jahre nach der »Tulipomanie«, etwas unmotiviert. Vielleicht war die Tulpenmanie in ihrer Erinnerung verknüpft mit diesem Vorfall im gräflichen Garten, wodurch er dann doch wahr sein könnte.

Der Graf legte sich die nächste Nacht auf die Lauer, so heißt es weiter, sie stahl also noch einmal, und er erwischte sie dabei. Den Sitten der Zeit gemäß hätte sie eine fürchterliche Tracht Prügel beziehen müssen. Es scheint jedoch bei einigen Moralpredigten der Mutter, der vor so viel Verderbtheit das Herz stockte, geblieben zu sein. Vor allem dank der Fürsprache des Grafen. Denn als man sie nach dem Sinn und Zweck ihres nächtlichen Streifzuges fragte, erzählte sie, sie wollte die Tulpe nach der Natur malen. Pflanzen und Tiere, gepreßt oder aufgespießt, gebe es in Hülle und Fülle abgebildet, die Leblosigkeit und

Künstlichkeit sei ein zu trauriger Anblick, lebendig Blühendes wolle sie malen. Den Vater wird's gefreut haben; und da er das Sagen im Haus hatte, kam sie ungeschoren davon, zumal der gerührte Graf sich als Entschädigung lediglich das Bild seiner Tulpe, in schönsten Aquarellfarben vom Pergament leuchtend, erbat.

So ging die aufregende Heimlichkeit nächtlicher Dachbodenübungen vorschnell zu Ende. Jacob Morell, entzückt vom Talent des Mädchens, gibt ihr Malunterricht. In der väterlichen Werkstatt soll sie nun das Familienhandwerk von der Pike auf lernen. Eine Merian eben, dachte er sich, der kleine Maler. Die Mutter sperrte sich wohl, traditionsverhaftet und bodenständig, murrte und vielleicht kam es sogar zu harten und unfreundlichen Szenen zwischen Mutter und Tochter. Maria Sibylla trug es mit der ihr eigenen würdigen Beständigkeit, aber auch Hartnäckigkeit und konnte so endlich die Näh-, Stick- und Stricknadeln mit Pinseln und Stichein tauschen.

Maria Sibylla war ein ungewöhnliches Kind, nicht ohne Fügsamkeit, Achtung und Respekt, aber auch der Unterstützung des Stiefvaters gewiß, und damit setzte sie ihre Bedürfnisse immer wieder durch. Vielleicht zusätzlich gestärkt durch die Erinnerung an den Auftrag des sterbenden Vaters. Sicher ein sehr mächtiges Gefühl, das Bewußtsein eine Merian zu sein.

Nun erhält sie in Morells Werkstatt einen eigenen Arbeitsplatz. Zuerst unterrichtet er sie selbst. Ihre späteren Blumenkränze in ihrem »Blumenbuch« weisen deutliche Ähnlichkeit zu manchen seiner Bilder auf und ihre Aquarelle zu Werken von Morells Lehrer Flegel. Wegen Stiefvater Morells häufigen Reisen – zwischen ihrem zwölften und siebzehnten Lebensjahr soll er nur zweimal zu Hause gewesen sein (im Winter 1763/64 und 1766 zur Trauung seiner Tochter Sara aus erster Ehe) – wurde einer von Morells Schülern, der achtzehnjährige Abraham Mignon (1640–1679), zu ihrem Lehrer bestimmt. Er wurde später bekannt, u.a. wegen seiner Vanitas-Stilleben. Von Mignon lernte sie die Herstellung von Aquarellfarben, die Kunst des Kupferstichs und die Maltechniken. Auch das Kopieren berühmter Bilder und Drucke, zur Übung der Kompositions- und Beobachtungsgabe, standen auf dem Lehrplan. Das Kupferstechen beherrschte sie bereits mit elf Jahren.

»Dieses fressige Raupengezeug«:
Erste Studien

Maria Sibylla ist nun 13 Jahre alt. Ein für sie sehr aufregendes Jahr, das ihrem weiteren Lebensweg die entscheidende Wende geben sollte. Das läßt sich im Rückblick mit Sicherheit sagen. Nicht sicher ist, ob sie das selbst ahnt und bereits weiterreichende Pläne, Zukunftsentwürfe macht. Oder nimmt sie alles, wie es kommt, und ein Schritt folgt natürlich auf den anderen? Es gibt merkwürdige Zufälle in ihrem Leben.

Zwölf Jahre ist der große Krieg nun vorbei. Deutschland erlebt einen Aufschwung. Die Handelsgeschäfte prosperierten, brachliegende Gewerbe blühten wieder auf. So auch die Seidenraupenzucht und die Seidenmanufakturen. In Fürsten- und Patrizierhäusern herrschte wieder Bedarf an kostbaren Stoffen, Damast, Batist, Samt und vor allem Seide, modisch gemustert im Geschmack der Zeit. Inzwischen gab es auch in Frankfurt eine Seidenfabrik. Vor 2000 Jahren wurde in China bereits Seide hergestellt, hörte sie. Märchenhafte Geschichten wurden erzählt. Auf die Ausfuhr des Geheimnisses stand die Todesstrafe. Um 600 n. Chr. sollen zwei persische Mönche die Eier der Maulbeer- oder Seidenraupe und die Samen des Maulbeerbaumes in einem hohlen Stock versteckt nach Ostrom gebracht haben. Andere wieder behaupteten, eine chinesische Prinzessin habe, versteckt in ihrer Haartracht, den Seidenwurm nach Europa gebracht. Die Aufzucht gelang jedenfalls, und in Europa begann die Seidenproduktion. Eines Tages besuchte Maria Sibylla eine Seidenraupenzucht. Wie sie hingelangt war, an diesen über ihr weiteres Leben entscheidenden Ort, wissen wir nicht. Hatte ihre Mutter Stoffe gekauft? Wohl kaum. Sie trug derbere Kleidung. Mit dem jungen Mignon? Eine schöne Vorstellung. Vielleicht ist sie, doch eher einzelgängerisch wie sie war und neugierig auf Entdeckungen, zufällig hingelangt?

Sicher ist, sie brachte einige Raupen, »Seidenwürmer« und ein paar Maulbeerblätter mit nach Hause, legte alles in ein Kistchen, wartete geduldig und gespannt und wechselte alle paar Tage die Blätter aus. Das erforderte neue Gänge in die Seidenspinnerei. Irgendwann begannen die wohlgenährten Seidenwürmer sich einzuspinnen, einen weißen Faden, länger, immer länger, um sich zu weben, der Kokon entstand, die Metamorphose begann. – Die des Wurms und die der Beobachterin zur künftigen Forscherin.

Dann eines Tages geschah das Wunder. Der Kokon brach auf, ein Falter schlüpfte heraus. Ein Seidenspinner war geboren. Die Mutter entdeckte die Kistchen, beobachtete mißtrauisch und besorgt das Treiben ihrer wunderlichen Tochter, die aber beobachtete fasziniert und unverdrossen das Wunder der verschiedenen Stadien der Entwicklung, deren Dauer und schließlich den Zeitpunkt der Verwandlung des Gewürms in wunderbare Schmetterlinge. Diese Tochter! Würmer brachte sie nun auch noch ins Haus. Immer mehr stapelten sich die Dosen und Kisten, und sie beschloß, das alles genau im Auge zu behalten und bevor es ausuferte, Einhalt zu gebieten.

Doch bald entfaltete Maria Sibylla eine neue Umtriebigkeit. Sie unternahm in jeder freien Minute einsame Spaziergänge, einer vierzehnjährigen Jungfer durchaus unangemessen, und obwohl sie ihre häuslichen Pflichten und den Malunterricht nicht vernachlässigte, war der Mutter das alles nicht recht.

Diese seltsame Tochter mit ihren absonderlichen Interessen schleppte immer mehr Dosen ins Haus, gefüllt mit Blattwerk oder Baumrinde, darauf herumkriechendem eklen Gewürm oder dunklen, harten, glänzenden Gebilden. Wer weiß, was da noch auskriechen würde. Teufelszeug vermutlich, wimmelnd, kriechend, spinnend, raspelnd und nagend.

Während dessen häuften sich die Notizbücher zu Stapeln. Die Malschülerin hatte sich zur einsamen Forscherin gewandelt. Niemand war da, der ihr Interesse teilte, mit dem sie sich austauschen konnte. Mädchen gingen anderen Dingen nach.

Eine kleine, zukünftige Wissenschaftlerin. Ohne Lateinkenntnisse. Das war das Allerschlimmste. Wenig schien bekannt zu sein. Und wenn sie einmal ein Buch fand, das für sie aufschlußreich zu sein schien, konnte sie es nicht entziffern. Latein würde sie lernen müssen.

Sie zeichnete und aquarellierte ihre Beobachtungen, nun aber nicht nach toten Tieren, sondern nach der Natur. Hier betrat sie, fast ein Kind noch, Neuland. Wimmelndes Leben in allen Stadien der Verwandlung. Bei jedem Sommervögelein, so nannte sie die Schmetterlinge, war es anders, dauerte es verschieden lang. Alles wurde genau notiert. Und jede Raupe gedieh nur durch eine spezielle Futterpflanze, nichts anderes fraßen sie oder es drohte Hungerstreik. Selbst die Fraßspuren, die sie ins Blattwerk nagten, sahen bei jeder verschieden aus. Das fiel auf und gab zu denken. Gesetzmäßigkeiten, Zusammen-

Löwenzahn »Röhrleins-Kraut/Taraxacon«
mit Wollfurspinner

hänge, eine höhere Ordnung? Alles mußte sie selbst herausfinden.

Nur fromme Legenden gab es: Der Schöpfungstag war vorüber. Von seinen Händen stäubte Gott die Reste des Stoffes, aus dem er die Welt mit ihrer Pracht gemacht hatte. Engel schwebten herbei und hielten schützend ihre Flügel darunter, damit die Stäubchen von Gottes Händen nicht zur Erde fielen. Die Sonne überglänzte sie mit ihrem Licht, und sie funkelten und glitzerten in tausendfältigen Farben... Gottes Antlitz erhellte sich vor Freude und er dachte: »Werdet!« Und sie wurden. Schmetterlinge, lebende Juwelen, Gottes Geschmeide, seine frohen Gedanken. Mit leichten Schwingen flogen die Neugeschaffenen zu den Blumen und wurden mit Nektar bewirtet. Die Menschen im Garten Eden sahen mit strahlenden Augen den fliegenden Köstlichkeiten nach. Doch das Paradies ging verloren. Die Menschen irrten freudlos in der Wüste. Aber die Winde wehten über die Dornengrenze, die Blumensamen und Schmetterlinge. So war den Menschen etwas vom Paradies geblieben. Doch Gottes Antlitz verdüsterte sich. Und fortan mußten die Blumen welken und die Schmetterlinge ihre Leben als Würmer beginnen.

Ich habe nicht herausgefunden, wie alt diese Legende ist, die Friedrich Schnack berichtet. Sie widersprach jedenfalls der Auffassung in Maria Sibyllas Zeiten. Gängige Volksmeinung war nämlich, abergläubisch genug, aber nicht verwunderlich in einem Zeitalter nach heutigen Vorstellungen bar jeglicher Forschung, daß die Raupen sich durch Urzeugung aus Morast und Exkrementen entwickeln, schlammgeborene Teufelsbrut. Die Beobachtungen des Francesco Redi, wonach Raupen und Maden aus Eiern schlüpfen, änderten daran nichts, und das erste wissenschaftliche Werk über die Entwicklung des Seidenspin-

Vorstudie aus *Leningrader Studienbuch* zu
Der Raupen wunderbare Verwandlung

ners von Marcello Malpighi erschien erst 1669. Maria Sibylla hatte neun Jahre zuvor ihre Erforschung des Seidenspinners begonnen!

Weiterhin glaubte man, daß Hexen sich mit Vorliebe in Schmetterlinge zu verwandeln pflegen, um ihrer großen Leidenschaft zu frönen, der Verhexung von Milch in ranzige Butter. Rahmdiebe nannte sie nicht nur die Mutter. Bald blühte der Klatsch und man tuschelte über die Spaziergänge, das merkwürdige Interesse an dem Gewürm, ob mit der seltsamen Jungfer etwas nicht stimme und überhaupt! Das kommt dabei heraus, wenn ein Vater, Herr über Haus und Gesinde, Frau und Kinder, dauernd auf Reisen ist. Da geht es eben drunter und drüber. Nun wird in den Biographien und Romanen gern fabuliert, daß Maria Sibylla Gefahr lief, als Hexe angeklagt, gefoltert und auf dem Scheiterhaufen verbrannt zu werden. Tatsache ist, daß Insekten als Strafe Gottes für Sünden und Vergehen angesehen wurden, und man sie in Gerichtsverfahren zur Rechenschaft zog. Sie bekamen stellvertretend einen Verteidiger, ein Ankläger und Zeugen traten auf, den Tieren wurde ein regelrechter Prozeß gemacht. Die Leiber der Insekten waren schließlich die Wohnstätten der Teufel. Also tat Exorzismus Not oder aber, in verstockten Fällen, drohte den armen Tieren die Todesstrafe. Noch 1602 riet der bedeutende Wissenschaftler Aldrovandi in dem ältesten der Insektenkunde gewidmeten Buch, »De animalibus insectis«, bei Insektenplagen zu kirchlichen Exorcismen. Das Buch soll Maria Sibylla bekannt gewesen sein. So wird jedenfalls behauptet.

Gefahr für sie bestand jedoch nicht mehr, denn verbreitet waren Hexenprozesse in Zeiten von Religionskriegen und Pest, vor allem aber während Hungersnöten. Inzwischen waren die Verhältnisse wieder beruhigt und geordnet, auch war es endgültig zu einer Ächtung der Hexenverfolgung durch die Reichsfürsten gekommen. Deshalb erfahren wir nichts darüber, daß sie selbst beunruhigt gewesen wäre. Sie wäre auch nicht so naiv gewesen, sich leichtfertig in Gefahr zu begeben. Sie berichtet lediglich, daß sie verspottet wurde, aber auch daß sie von einfachen Frauen gefragt wurde, in einem besonders warmen Frühling, »dadurch sie (die Raupen) erfrischt und stets größer worden« und besonders zahlreich auftraten, »ob es auch künftig nichts Böses vielleicht bedeuten möchte?« Sie scheint als Sachverständige gegolten zu haben. Sie berichtet, sie gab, »mit weiblicher Einfalt«, zur Antwort, »daß dieses fressige Raupengezeug an und für sich selbst und allbereit nichts Gutes bedeute, zeigen die fast leeren Fruchtbäume und andere mangelhafte Kräuter selbst«, aber auch, daß Gott schon für die Menschen sorge und alles Zerstörte »mit reichem Segen« ersetzten werde. Keine Spur von Aberglaube. Statt dessen Gottvertrauen und Aufklärung.

Nicht nur war diese Gefahr vorüber, jetzt galt das Botanisieren als eine nützliche Beschäftigung für junge Frauen, die von allerlei Untugenden abzulenken geeignet war: »Ihre Idee ist ausgezeichnet, den lebhaften Geist Ihrer Tochter zu erfreuen und zugleich zu schulen, indem sie seine Aufmerksamkeit auf ein so angenehmes und mannigfaltiges Objekt wie die Pflanzenwelt lenken. Ich bin überzeugt, daß das Studium der Natur in jedem Lebensalter die Lust zu frivolen Vergnügungen eindämmt und dem Wirbel der Leidenschaften vorbeugt, indem es den Geist mit einem Gegenstand füllt, der der eingehenden Betrachtung äußerst wert ist«, so, herablassend, Rousseau in einem Brief. Doch mehr als sammeln traut »man« den Frauen nicht zu: »Die Erforschung der ab-

Kirschenblüte und Maikäfer

strakten und spekulativen Wahrheiten, der Prinzipien, der Axiome in der Wissenschaft, gehört nicht zu den Aufgaben der Frauen, ihre Studien müssen sich alle auf die Praxis beziehen. Ihre Sache ist es, die Beobachtungen anzustellen, die den Mann zur Aufstellung der Prinzipien führen. Denn was die Werke des Geistes anbetrifft, so übersteigen sie ihr Fassungsvermögen. Auch besitzen die Frauen zu wenig Geistesschärfe und Ausdauer, um es in den exakten Wissenschaften zu etwas zu bringen.« Wie ihr weiterer Lebensweg zeigen wird, besaß sie größte Geistesschärfe und war Ausdauer ihre größte Tugend.

Eine kleine, in ihrer Verbohrtheit schon fast wieder amüsante Anekdote als Zugabe: Der englische Reverend Richard Polwhele erkannte durchaus die Gefahren des Botanisierens für Frauen. Ihm war es unbegreiflich, wie das Sammeln und das Studium von Pflanzen und Tieren mit weiblicher Sittsamkeit zu vereinbaren sei, beschäftige frau sich dabei doch auch mit Eiern, gar noch wenn Männer und Frauen gemeinsam auf die Suche gingen.

Immerhin wird in solchen Anekdoten der Zeitgeist greifbar, sie zeigen aber auch, wie wenig Maria Sibylla zu beeindrucken war. Sie war stets unabhängig von Vorurteilen und unsachlichen Meinungen. Vielleicht war dies auf ihre Erfahrungen zurückzuführen: Mit der Mutter konnte sie den Widerstand und die Selbstbehauptung proben, wohlwollend unterstützt, ermutigt und gestärkt durch den Vater.

Das kurze, bunte, schimmernde Dasein beginnt als winziges Ei. Sie findet sie an Stengeln und Blättern, auch festgekittet an Steinen und Wurzeln, einzeln oder als Kügelchen zu mehreren, auch in Ringen um Zweige herum aufgereiht. Manche sind mit einer Wolle geschützt. Gegen die Kälte? Zwei Wochen bis ein halbes Jahr geschieht nichts in den Dosen und Schächtelchen. Geduld ist angesagt. Dann regt es und bewegt es sich, verfärbt sich, die Raupe zernagt die Schale, beginnt eine zweite Daseinsform. Sucht sofort Futter. Geboren ist sie auf ihrer Futterpflanze. Hat Maria Sibylla die falsche Pflanze, ist alle Geduld vergebens. Dem Wolfsmilchschwärmer geht nichts über Wolfsmilch, und so halten es alle. Wählerische Spezialisten. Nun beginnt ein Fressen und Verdauen. Dann wird die Haut zu eng, sie werden reglos, appetitlos. Eine neue Haut wächst über der alten. Sie bekommt am Kopfende einen Riß, reißverschlußähnlich, die Raupe im neuen Ornat verläßt ihre erste Haut. Manche fressen als erstes die abgelegte Haut auf. Seltsam sehen sie aus, diese Würmer: Warzen, Haare, Dornen gar, bunt oder einfarbig. Bis zu vier, fünf solcher Häutungen durchlaufen sie. Drei Wochen bis drei Jahre dauert dieses Dasein. Und nicht alle leben von Grünzeug, manche fressen Blattläuse. Ja sogar Kannibalen gibt es. Ungeheuerlich sehen einige aus, Hörner, Fleischzapfen, Gabeln am Nacken, Bürsten auf dem Rücken. Zum Schutz vor dem Gefressenwerden? Nichts war nachzulesen, wenig war bekannt. Ein weites Feld lag vor ihr. Und da, wieder wird eine Raupe unruhig, verfärbt sich. Reglos plötzlich eine andere. Wickeln feine Gespinste um sich, andere heften das Leibesende an einen Zweig, stürzen dann kopfüber ab, baumeln an einem Faden. Zeit vergeht, Zeit zum Notieren, Zeichnen und Malen des überaus seltsamen Geschehens.

Immer wieder beschwert sich die Mutter bei Tisch, bei der Mehlsuppe, über die sich häufenden Kisten mit dem Krabbelzeug und das, was die Nachbarn sagen. Die Mutter seufzt und jammert und weigert sich, den Berichten der Tochter zuzuhören, gar einen Blick zu werfen auf die sich immer wiederholenden Wunder der Verwandlung der Sommervögel. Schmantlecker sind das. Sie mißbilligt das alles von ganzem Herzen. Eine der wenigen persönlichen Bemerkungen Maria Sibyllas, aus der Einleitung zu ihrem Surinambuch, etwa 35 Jahre später, zeugt davon. Eine nachhaltige Erfahrung also und deshalb so lange erinnert. Die Mutter wagt aber kein Dazwischengehen, denn wer weiß, vielleicht, so denkt sie bei sich, trägt sie Mitschuld. Diese Geschichte gefiel mir so gut, daß ich sie hier wiedergebe, auch wenn sie erfunden sein wird.

Hatte sie nicht während der Schwangerschaft beim Ausmisten auf dem Dachboden, in einer Truhe, wunderliches Zeug entdeckt. Schneckengehäuse, getrocknete, fremdartige Pflanzen, unbekannte Muscheln, gar einige Kästchen mit unerklärlich großen Schmetterlingen, den Butterfliegen eben. Sie war gehörig erschrocken und hatte sie angewidert weggeworfen. Vielleicht war die Tochter derart auf ihren unfeinen Geschmack gekommen. Und jetzt zeigten sich die Folgen. Wird doch gesagt, ein Muttermal entstehe, wenn die Mutter während der Schwangerschaft erschrickt. Also konnte sich doch auch diese Sache so verhalten.

Auch Maria Sibylla hält manche Gedanken geheim. Sie hat beim Besuch der Gräber von Vater und Geschwistern Grabsteine gesehen, darauf Schmetterlinge, aus Stein kunstvoll herausgemeißelt. Gehört hat sie, dies sei ein Sinnbild für die göttliche Seele des Menschen, die der Tod aus seiner sterblichen Hülle des Körpers befreit und die, wie ein Schmetterling, der gerade aus der Puppenhülle schlüpft, frei und leicht gen Himmel fliegt. Wie tröstlich der Gedanke, bei so vielen Toten: der Vater, der Bruder Johann Maximilian zwei Jahre später und zwei Geschwister aus der Ehe der Mutter mit dem Stiefvater, so jung gestorben. Wie schade, daß die Mutter solch tröstender Bilder entbehrt. Wer weiß, vielleicht zeigen ihre Sommervögel ein Weiterleben nach dem Tode an.

Der wohlwollende Stiefvater ist so oft auf Reisen, zur Mutter fühlt sie eine Kluft, außer dem jungen Mignon und Caspar, wenn er da ist und Zeit hat, niemand, dem sie davon erzählen, dem sie ihre Bilder zeigen kann. So schreibt sie in der Einleitung zu ihrem Surinambuch, »ich entzog mich deshalb aller menschlicher Gesellschaft und beschäftigte mich mit diesen Untersuchungen«. In einer Zeit, in der niemand allein war. Die Türen zur Straße, auf der sich das Leben abspielte, waren offen, jeder ging bei jedem ein und aus. Familie, Lehrlinge, Gesellen, Gesinde, alles lebte unter einem Dach. Das verhinderte, selbst wenn vom Einzelnen einmal gewünscht, den Rückzug.

Manches wurde hineingelegt in ihre Zeilen. Einzelgängerisch, eigenbrötlerisch, isoliert soll sie gewesen sein.

Wieder einmal ziehe ich Ariès zu Rate. »Man pries es als seltene Leistung, wenn es jemandem gelungen war, sich für einige Zeit hinter dem Ofen oder hinter seinen Studien zu verkriechen.« So ist das also.

Es ist nicht nur das Vergnügen, der Natur ihre Geheimnisse zu entlocken, Zusammenhänge und eine höhere Ordnung zu entdecken, auch Sinn und Herz der jungen Malerin geraten in Entzücken beim Anblick ihrer schillernden Schätze. Fliegende Wunder, die aus düsterdunklen, glänzenden, hartschaligen Puppen, Dattelkerne nennt sie sie damals noch anschaulich, ausschlüpfen, wenn deren Panzer am Kopfende aufreißt, ruckartig abgestreift wird, mühsam, wie unter Ächzen und Stöhnen. Gürtelpuppen, Sturzpuppen, mit Zacken und Wülsten versehene Sarkophage, gesprenkelt manche, golden gepunktet, silbern getupft. Und immer wieder ihre Seidenspinner,

Indianischer Nachtschatten; oben: Surinam-Nachtpfau;
unten: Indianisches Buschauge

deren »Würmer« sich einen Kokon weben, in dem sie sich zur Puppe verwandeln. Sie entdeckt, daß alle, auch die aus den Gärten der Umgebung, es genau so halten. Auch sie eingehüllt, zurückgezogen, abwartend eine Zeit der Wandlung. Ruhend, manche nur wenige Tage, oft mehrere Wochen, seltener sogar zwei bis drei Jahre.

Woher diese Unterschiede? Ungestillter Wissensdurst. Unsichtbar in seiner harten Hülle wächst er heran, bis er, eines Tages fertig ausgebildet, mit Flügeln und ornamentalem Schmuck, seinen Panzer sprengt. Zuerst streckt er die Fühler heraus, orientiert sich, die Füße suchen festen Halt, krallen sich fest, ziehen den zerknitterten Körper heraus. Bebend pumpt er Blut ins Adernetz der sich entfaltenden Flügel. Dehnen und Strecken. Das ganze Insekt wächst in Minutenschnelle zur fertigen, seiner letzten Gestalt. Die Spinner aber weichen ihr Gespinst, den Kokon, auf mit einem ätzenden Saft. Durch diese Lücke ziehen sie sich heraus. Schwerfällig, unförmig, stummelflügelig. Dann das Aufpumpen, schwer atmend. Nun brauchen sie andere Nahrung. Nektar der Blüten. Wieder Spezialisierung. Sie geraten sich nicht in die Quere, kein Futterneid, dank ihrer verschieden gebildeten Rüssel, die sie ausrollen, um zu saugen, zu nippen, trippelnden Schritts auf den Blüten. Satt und bestäubt taumeln sie weiter.

Sie entdeckt den Unterschied zwischen den herrlich buntschillernden Männchen, den erdfarbenen Weibchen, beobachtet auch, daß sie, sich schützend, die Flügel hochklappen, dann eine unauffällige Unterseite bieten. Andere haben sich auf einem Stamm platt angepreßt, werden zur Rinde.

Doch auch Unverständliches wird notiert: Raupen werden von innen aufgefressen, Fliegen kriechen heraus, ein leerer Hautsack bleibt zurück. Raupen verpuppen sich hektisch, statt des erwarteten Falters entschlüpft eine Wespe. Auch hierüber findet sie nichts in den Büchern, das bleibt ein Geheimnis.

Was stand da aber auch Verwirrendes zu lesen. »Weil sie aber doch ihre Eier allenthalben hinlegen, so nennt man sie zuweilen auch schädliches Geschmeiß. Und einige auch Ungeziefer.« Oder: »Sind wir Menschen nicht fast wie die Insekten beschaffen? Erst lagen wir in dem Leibe unserer Mütter, wie in einem Grab verschlossen, nachher wurden wir lebendig geboren, lebten bisher, genossen allerhand Freuden, mit Traurigkeit verknüpft, bald oder spät gehen wir ins Grab, endlich nimmt uns der liebe Gott, wenn wir rechtschaffen waren, zu sich in den Himmel, wo es uns sodann auf immer und ewig wohl sein wird.« Was sollte sie damit nur anfangen. Kopfschütteln. Hier, über die Seidenraupe: »Der zähe Saft, aus dem sie nachher Seide spinnt, dieser zähe Saft verursacht ihr Schmerzen. Daher kriecht sie mit aufgerichtetem Kopfe so lange zwischen den Reisern oder in einer Ecke ängstlich herum, bis sie einen bequemen Ort gefunden hat, wo sie ihren ersten Faden ankleben und sich befestigen kann.«

Aus derartigem konnte sie schon lange nichts mehr lernen. Sie fand keine Bestätigung für ihre Entdeckung, daß einige, die Farbenfroheren, Schlankeren, tags fliegen, schlotzen und sürpfeln, und andere, Gedecktere, Plumpere, auch ihr Seidenspinner, des Nachts rührig werden, sich mit Vorliebe im Mondschein tummeln. Sicher stünde in den gelehrten, lateinischen Büchern Genaueres. Den Caspar konnte sie auch nicht fragen, der war 1660 nach Amsterdam gezogen, und er fehlte ihr sehr. Und vor kurzem, 1664, war auch noch Mignon aus Frankfurt weggezogen.

Jetzt bereits, vor ihrem achtzehnten Lebensjahr, hat sie ihr Gebiet gefunden, keine langen Umwege eingeschlagen, Landschaftsmalerei oder Porträts, keine Sackgassen väterlicher Stilleben betreten. Mit dem Tulpendiebstahl begann es, und die Seidenwürmer entwickelten die Malschülerin zur forschenden Künstlerin. Das lebendige Leben, Tiere und Pflanzen in ihrer natürlichen Umgebung, das war es. Sie wurde zur ersten Erforscherin der Ökologie. Mit klarem Verstand und künstlerischem Talent, mit Pinseln, Aquarellfarben, auf Papier und »carta non nata«, Jungfernpergament aus der durchscheinenden Haut ungeborener Lämmer, entstanden Kunstwerke und zugleich präzise Abbilder.

Der »Eheliebste«

Besuch stand ins Haus. Fünf Jahre war Herr Graff Schüler des Vaters gewesen (1653–1658), danach fünf Jahre in Italien gereist, hatte Rom besucht, Venedig gesehen. Johann Andreas Graff stammt aus Nürnberg. Architekturmaler ist er geworden und hat in Italien antike Stätten studiert. Kannten sie sich von früher? Ich rechne: 1637 ist er geboren. Jetzt also 28 Jahre alt. 1653–1658 war er bei Morell in der Lehre. Im sechzehnten Lebensjahr in die Lehre, da war sie gerade sechs Jahre alt. Sie müßten sich also gekannt haben. Fünf Jahre in der Lehre, da war sie dann elf. Damals sahen sie sich zum letzten Mal. Na, der wird staunen. Und wirklich, überrascht ist er, eine junge, hübsche und aufgeweckte Frau ist sie geworden.

Nehmen wir an, es war Winter. Maria Sibylla und die Mutter schleppen zwei Böcke heran, legen eine große Holztafel darauf, der Tisch steht, nun bringen sie die Stühle oder Hocker. Im Kamin lodert ein Feuer, Buchenscheite. Dennoch ist es kalt im Raum. Vor den Fenstern einfache Holzläden, geschlossen. An wenigen Fenstern Butzenscheiben, bleigefaßt, schwer. Deshalb sind sie nur klein, aber zu öffnen, eingelassen in großen, fest eingemauerten Holzrahmen. Der Kamin jämmerlich wärmend – der Zug war noch nicht entdeckt –, aber stark rußend. Man sieht es an der geschwärzten, holzvertäfelten Decke.

Erst im vergangenen strengen Winter waren wieder einmal das Wasser und der Wein in den Trinkgefäßen gefroren. Die Keramikfliesen auf dem Fußboden, kalt, von Strohmatten bedeckt. Kalte Füße. Von der Straße lautes Geschimpfe. Eine Nachbarin hat das Nachtgeschirr aus dem Fenster gekippt, wie es Sitte ist. Wenigstens war die Straße wegen der Kälte kein sumpfiges Schlammloch.

Im Raum dämmeriges Licht. Talglichter, Kerzen, eine moderne Öllampe. Ein Wandbord mit Keramiktellern, Krügen. Daneben ein Kreuz. Am Boden in der Ecke ein Sauerkrautfaß, ein hölzerner Eimer, mit Wasser gefüllt.

Die Mutter geht zum aufgemauerten Herd. Sie nimmt eine Metallplatte vom Herd, kümmert sich um die Glut unter den Kochtöpfen. Eine mit dem Frankfurter Wappen verzierte, denke ich mir, schwarze Gußplatte, senkrecht gestellt als Rückwand. Im Rauchfang hängt eine Kette herab, daran ein Ring, daran der mittels Kerben in der Höhe verstellbare Kesselhaken, an dem ein eiserner Topf hängt. Der Bratspieß dreht Wildbret. Eine sinnreiche Erfindung: In den Rauchfang ist ein Windrad montiert, die heiße, aufsteigende Luft dreht den Spieß. Wildbret also, kein Luxus, Fleisch überhaupt ist für jeden erschwinglich und jederzeit erhältlich. Doch zuvor soll es eine dicke Suppe aus Weizenmehl geben und Brot, Käse, Butter, Milch und Eier, dazu Bier. Reichliches Essen gilt als Zeichen der Geselligkeit und Wohlhabenheit. Also läßt Morell sich nicht lumpen, und die Mutter trägt auf, was die Speisekammer hergibt.

Der Vater und Graff kommen die enge, steile Leiter herauf, aus der Werkstatt, im Gespräch noch, was sich verändert hat. Nein, der gestampfte Lehmboden dort ist nicht mehr mit Gras bedeckt. Man nehme jetzt Strohmatten. Ein neuer, winkliger Anbau, das Haus war zu engbrüstig geworden. Das Geschäft hat sich erweitert seit Graffs Wegzug.

Jetzt die förmlich-sittliche Begrüßung. Man setzt sich. Die Mutter bringt die Speisen, schöpft in Holzteller. Morell spricht das Tischgebet. Graff staunt über die sonst so seltenen Gabeln, hat deshalb seine eigene mitgebracht. Auch einen venezianischen Glasbecher, bestaunter Luxus. Die Morells aber lassen ihre tönernen Becher und Krüge reihum gehen. Zwischen den Gängen säubert man sich die Finger mit Wasser. Graff nicht. Seine derben Eßsitten stehen in Gegensatz zu seinen kostbaren Utensilien. Sich nicht die Finger abzulecken, nicht in den Teller zu spucken und sich nicht an der Tischdecke zu schneuzen, das war doch aus der Mode. Die Mutter ist, so scheint es, düpiert, fragt nach der Reise, und er beginnt, gar anmutig zu erzählen:

Ihr werdet nicht erwarten, daß ich eine literarische und vollständige Beschreibung der Städte gebe, wo ich mich aufhielt. Beschwerlich war das Reisen, denn die Wege dort sind traurig zerrüttet, und es zieht sich schwer durch den fetten Boden Italiens. Überall ist der Segen des Himmels mit Verschwendung über die Gegend geschüttet, und überall in den Hütten herrscht jämmerlichste Armut. Einmal, auf dem Wege nach Rom, kehrte ich zu Mittage an der Straße an einem Wirtshaus ein, das nicht die schlimmste Miene hatte, und fand nichts. Aus Gutmütigkeit gab man mir einige Bissen schlechter Polenta und ich mußte damit weitergehen. – Jetzt langt er kräftig zu, löffelt, schlürft und schmatzt in Anbetracht dieser traurigen Erinnerung. – Hier hört Frau Morell recht interessiert zu, bis Maria Sibylla fragt, ob er nicht von Naturbeobachtungen erzählen könne. – Nun, um die Natur scheint sich dort niemand zu kümmern. Dazu ist die dortige Menschheit zu tief gesunken... – Sie versucht es noch einmal. – In den Altertümern, in denen die Leute einst gewaltig hohe Stufen gemacht haben, man muß sehr elastisch steigen oder man ist in Gefahr, sich einen Bruch zu schreiten, und als ich auf dem Rückwege etwas dem Führer vorausging, lag auf den Ästen eines Feigenbaums eine große Schlange geringelt, die mich ruhig ansah. Sie war wohl stärker als ein Mannesarm, ganz schwarz von Farbe und ihr Blick war furchtbar. Sie schien sich gar nicht um mich zu bekümmern, und ich hatte eben nicht Lust, ihre nähere Bekanntschaft zu machen.

Maria Sibylla ist sich noch nicht sicher, was sie von Herrn Graff halten soll.

Das Essen ist vorüber, Morell spricht das Dankgebet, die Tafel wird aufgehoben. Die beiden Männer rauchen eine Pfeife voll Tabak, auch als Schutzmaßnahme gegen die immer wieder auftretende Pest. Herr Graff macht schickliche Komplimente an die Hausfrau, und Herr Morell bittet den Gast nun in die kleine Bibliothek. Die Damen ziehen sich zurück. Die Herren führen ein längeres Gespräch, und bald soll Maria Sibylla dessen Inhalt erfahren. Herr Graff hat um ihre Hand angehalten und erhält die Erlaubnis, um sie zu werben. Die Morells fanden, daß die Interessen der beiden übereinstimmten und daß das kein so übler Grundstock für eine Verbindung der jungen Leute sei. Gemeinsam könnten sie es zu etwas bringen. Maria Sibylla war im heiratsfähigen Alter. Einige Zeit später wurde zwischen Herrn Graff und den Morells die Mitgift ausgehandelt sowie die Heiratsmodalitäten besprochen.

Was Maria Sibyllas Gefühle und Motive betrifft, die sie seinen Antrag annehmen ließen, so sind wir auf Vermutungen angegwiesen. Beide haben sich weder hierzu, noch später zu den Gründen ihrer Trennung, jemals geäußert. Viel wurde vermutet.

Da wurde eine unglückliche Romanze zu Mignon konstruiert. Fünf Jahre war er ihr Lehrer. Fünf Jahre waren sie täglich Seite an Seite in der Werkstatt. Da muß doch etwas gewesen sein, zwischen dem Lehrer und der dreizehnjährigen Schülerin. Zwischen dem Malerlehrling, der er war, und der Tochter seines Meisters. Sie soll viel für ihn empfunden haben, wurde behauptet, freilich ohne einen Anhaltspunkt, ohne eine überkommene Notiz. Sehr enttäuscht sei sie gewesen, weil er ihre Zuneigung nicht erwidert habe. Folglich wird sie Graff wohl geheiratet haben aus Enttäuschung, deshalb so schnell, kaum ein Jahr nach Mignons Weggang. Ihre Mutter soll gegen die Heirat mit Mignon gewesen sein, denn Graff war die bessere Partie, sie war die treibende Kraft. Das vermutet 1908 Daniel Burckhardt-Werthemann, und das ist vorstellbar. Möglicherweise war Graff die bessere Partie, immerhin besaß er ein ansehnliches Haus in Nürnberg, sein Vater hatte einen Namen als Dichter und war Rektor des Egidienplatz-Gymnasiums in Nürnberg. Das könnte die »in Gelddingen wohlversierte« Mutter für ihn eingenommen haben.

Was eigentlich ist in der Folge aus Mignon geworden? Er war 1664 nach Utrecht gegangen, arbeitete mit Morell zusammen im Kunsthandel, nach dem Tod seiner Mutter heiratet er 1665, zieht nun nach Wetzlar, arbeitet von 1669–1672 wieder für Morell in Utrecht und ist 1679, neununddreißigjährig, gestorben.

Es wurde gar gesagt, sie hätte froh sein können, überhaupt einen Mann zu bekommen, viel Auswahl hätte sie nicht gehabt. Schließlich sei sie keine Schönheit gewesen.

Beweis: In den »Nachrichten von Franckfurter Künstlern und Kunstsachen«, 1780 – 115 Jahre nach ihrer Heirat –, steht über Maria Sibylla, »die Natur ist nicht immer mit beiden Händen freigiebig. Sie verweigert oft der Schönheit den Witz und den Verstand, und gibt ihn denen, die sie in Ansehung der Gestalt stiefmütterlich behandelt hat... Unsere Merian erhielt weder Schönheit noch sonderliche Reize von ihr; aber desto wichtigere Geschenke, nämlich große Talente zur Kunst, die sie der Bewunderung der Nachwelt würdiger machen als das kleine Verdienst, ein schönes Gesicht zu haben.«

Das Schönheitsideal der Zeit verlangte ein kindlich-rundes Gesicht mit Grübchen und möglichst blonden Locken. Zuviel Schönheit wiederum war verdächtigt als Ausdruck einer leeren, kalten Seele. Als sehr unschön galten Zeichen körperlicher Arbeit, außer Hausarbeit versteht sich, vor allem aber war Denken verpönt, hatte es doch das häßliche Stirnrunzeln zur Folge. Vielleicht hat das den Schreiber der Zeilen abgeschreckt. Zudem wurde in einer Quelle von 1780 ihre mangelnde Schönheit erwähnt, 63 Jahre nach ihrem Tod, was also gar nicht auf Anschauung beruhen kann. Etwa aus der Zeit ihres Todes stammt ein Kupferstich Jacob Houbrakens (1698–1780), erstmals gedruckt als Frontispiz der lateinischen Gesamtausgabe ihrer drei Raupenbücher. Als Vorlage diente eine Federzeichnung ihres Schwiegersohns Georg Gsell (1673–1740), zweiter Mann ihrer jüngeren Tochter.

Dieses Porträt, unerfindlich weshalb, vielleicht einfach nur, weil damals das einzig vorhandene, leicht zugängliche, diente, immer wieder abgewandelt, als Vorlage für Abbildungen Maria Sibyllas in Kurzbiographien und Büchern über sie bis ins 19. Jahrhundert. Die überladene Staffage sagt viel über den Geschmack der Zeit, doch nichts über das Wesen der Abgebildeten. Dieses Bild ist verantwortlich für die immer wiederholte Feststellung mangelnder Schönheit.

Diese angeblich fehlende Schönheit soll Graff wenig gestört haben, brachte sie doch einen guten Namen mit in die Ehe und Talent. Auch Geschäftskontakte zum angesehenen Merian-Verlag schienen dadurch möglich. Berechnung also. Und ihre Motive? »Die züchtige Jungfrau habe nur darum geheiratet, um mit Anstand in der Gesellschaft ihres Gatten nach dem Nackten zeichnen zu können.«

Diese Unterstellung entstammt Ph. Külbs Feder in der »Allgemeinen Enzyklopädie des Wissens und der Künste« von 1864, rund 150 Jahre nach ihrem Tod. Nacktdarstellungen waren, vor allem in allegorischen Abbildungen, zu ihrer Zeit gang und gäbe. 150 Jahre später scheinen sie anstößig gewesen zu sein. Nicht ein einziges derartiges Bild ist von ihr bekannt und bei ihrer Person und ihren Interessen auch kaum vorstellbar. Da ist seine Phantasie mit ihm, dem Külb, durchgegangen.

Die Mutter habe ihr oft genug prophezeit, daß kein Mann dieses Gewürm in seinem Haus dulden würde. Graff jedoch schien nichts dagegen gehabt zu haben. Gründe genug für sie, trotz seines schlechten Rufes, der ihm Laster, eine Schwäche für Wein, Weib und Gesang, sowie Faulheit und Charakterschwäche nachsagte? Diese angebliche Prophezeiung der Mutter ist selbstverständlich reine Phantasie, auf keine zuverlässige Quelle gestützt, wie auch seine Schwäche für die Frauen und den Wein. Hätte er diesen Ruf gehabt, so hätte sie ihn sicher nicht genommen, geschweige denn, daß die dogmatischfromme Mutter ihr Einverständnis gegeben hätte. Sie unter der Haube zu wissen, wird die fromme Mutter beruhigt haben, waren doch damit der Wollust, die nach gängiger Meinung erst in diesem Alter Säfte trieb, Zügel angelegt.

Oder war es doch Liebe auf den ersten Blick? War sie ein unerfahrenes Mädchen voller Träume? Alles, was wir sicher über sie wissen, und ihr ganzes späteres Leben, zeigt, sie war eine Frau von klarem Verstand, die genau wußte, was sie wollte, und die durch nichts von ihren Zielen abzubringen war. Und das ist das Faszinierende an ihr, weil so unüblich in jener Zeit.

Erzählte er so feurig von seiner Italienreise, daß er damit das »unerfahrene Mädchen« beeindruckte, so daß es begann von einer Künstlerehe zu träumen, von gleichberechtigtem Leben und Zusammenarbeiten, wie Kerner vermutet? Über Gleichberechtigung wird sie sich keine Gedanken gemacht haben, denn die gab es nicht.

Was ist über den frischgebackenen Ehemann Graff gesichertes bekannt? Über ihre Ehe wie auch über deren späteres Scheitern haben beide diskret geschwiegen. In den erhaltenen Briefen, die von Frau Rücker veröffentlicht wurden, ist hierzu kein Wort zu finden. Diese Briefe und die Einleitungen zu ihren Büchern, in denen sie nur wenige biographische Bemerkungen hinterließ, sind ohnehin die einzigen sicheren Quellen. Die Selbstbiographie des jüngeren Merian, aber selbst Berichte von Freunden wie Sandrart sind mit Vorsicht zu genießen. Er schreibt, daß sie »vermittels dieses Heuraths« zu ihrer trefflichen Ausbildung gekommen sei. Als hätte sie da nicht schon alles gekonnt.

Graff war leicht und schnell für etwas zu begeistern, voller Ideen, ihm fehlte jedoch die Kraft und Ausdauer, sie durchzusetzen. Von seinen Arbeiten während des Italienaufenthalts ist nichts überliefert. Dies und die wenigen von ihm bekannten Bilder, eine getuschte Rötelzeichnung

Banane; oben: Traumauge; unten: Glasflügler

von 1658, der Zeit seiner Lehre, die Sara, die Tochter seines Meisters Morell, zeigt, stickend (Städelsches Kunstinstitut, Frankfurt), deuten nur auf geringe Produktivität und Kreativität. In Frankfurt scheint er mit seinem Schwiegervater Morell zusammengearbeitet zu haben. Beweis: ein Kupferstich, Ansicht des Römers in Frankfurt. Zur Kaiserkrönung Leopolds I., 1658, hatte Morell als Vorlage für die Kupferplatte ein Porträt des Kaisers gezeichnet. Auf dem unteren Teil der Platte befindet sich eine Ansicht Frankfurts. Dieser Teil scheint von Graff gezeichnet, denn er ätzte den Namen Morells von der Platte und setzte seinen ein. Aus dem Jahr 1679 hat sich eine Gemeinschaftsarbeit von Maria Sibylla, Graff und Morell erhalten. Im Stammbuch eines Andreas Arnold haben sich am 3. April Graff mit der Federzeichnung einer Phantasielandschaft und einem kleinen römischen Tempel und Maria Sibylla mit einer Rose eingetragen und signiert. Morell hat sich im Juni mit einem Heckenrosenzweig beteiligt. Er muß sie also besucht haben.

Dieser Andreas Arnold ist der Sohn eines Christoph Arnold, der uns später im Zusammenhang mit dem Raupenbuch der Merian begegnen wird, das im selben Jahr, 1679, erschien. Interessant ist ein Plan von Schloß Waltha in Holland, eine Federzeichnung Graffs, von 1686, die als »anonym« im Staatsarchiv in Nürnberg lag und deren schlüssige Zuordnung Elisabeth Rücker zu verdanken ist. Doch ist das weit vorgegriffen in die Zeit, als beide sich schon wieder getrennt hatten. In jener Zeit, spät in seinem Leben, scheint er dann auch künstlerisch aus ihrem Schatten getreten zu sein. Stadtansichten von Nürnberg und von Innenräumen von Kirchen sind erhalten.

Aus späteren Ereignissen ist zu schließen, daß die beiden eine gegensätzliche Lebens- und Weltanschauung hatten. Etwas eigenartig ist deshalb die Erwähnung Maria Sibyllas in ihrer Einleitung zum Raupenbuch, 1679, es sei »mit wohlgeleister Hülfe meines Eheliebsten« herausgegeben. Eigenartig deshalb, weil sich in dieser Zeit die folgende Trennung schon andeutete. Sie war immer sehr gerecht zu ihm. Beschränkte sich seine »Hülfe« aufs Verlegen? Hat er ihr beim Sammeln der Insekten oder Pflanzen geholfen?

Ich sehe nichts, was für die romantische Version einer Liebesheirat, ohnehin ungewöhnlich damals, sprechen könnte. Am wahrscheinlichsten scheint mir folgendes Szenario: Bei seiner Wankelmütigkeit und geringen Produktivität dürfte die Verbindung zum Verlagshaus Merian ihn angezogen haben. Die familiären Spannungen könnte er in seiner Art verharmlost haben. Sehr realistisch denkend war er nicht. Dies ließ ihn wohl auch Maria Sibyllas Persönlichkeit falsch einschätzen. Andrerseits waren ihr Talent und ihre Tüchtigkeit nicht zu übersehen. Sein späteres klammerndes Verhalten während und nach der Scheidung deutet auf Unselbständigkeit. Eine tüchtige und begabte Frau im Haus konnte also nicht schaden.

Was gewann Maria Sibylla durch die Ehe? Vor allem größeres Ansehen und eine gewisse Unabhängigkeit. Erst durch die Heirat erreichte sie als Frau die vollen Rechte. Unverheiratete Söhne und Töchter unterstanden der Vormundschaft des Vaters. Auch vertrat der Mann Haus und Familie nach außen, gegenüber den Zünften, Gilden, dem Rat.

Weshalb aber ausgerechnet diesen Graff? Ich halte es für am wahrscheinlichsten, daß sie mit klarem Blick erkannte, daß er ihr nicht in die Quere kommen würde bei ihren Plänen. Er war ein weicher, schwacher Charakter, entgegen dem zeitgenössischen Rollenbild. An einen Patriarchen, der sie als Untertanin behandelte, das war sie von zu Hause nicht gewohnt, würde sie bei ihm nicht geraten. Er würde sie brauchen. Sie war die Selbständige und Selbstbewußte.

Zu Beginn vielleicht Hoffnungen auf Gemeinsamkeiten, Zusammenarbeit, gegenseitige Befruchtung, aber sicher kein leidenschaftliches Begehren, das die Vernunft außer Kraft setzt, über das man keine Macht hat. Das ist unvorstellbar bei ihr. Vielleicht anfangs auch flüchtige Verliebtheit, gar eine leichte Faszination: Gegensätze ziehen sich an. Er der Leichtlebigere, Schillernde, der ihr damit etwas vorlebte, das ihrem Wesen fehlte – und er fand bei ihr ein ordnendes Element, eine Gradlinigkeit für sein flirrendes, flimmerndes Gefühlsleben, Beständigkeit in seiner Wechselblütigkeit. Es muß außer den Normen der Zeit, die Trennung nahezu unmöglich machten, Verbindendes gegeben haben, vor allem auf ihrer Seite, sie hätte ohne ihn leben können. Gleich was sie verband, es hielt lange. Statt strahlender Hitze im besten Fall die gleichmäßige Wärme ehelicher Verbundenheit. So etwas muß es gegeben haben. Vielleicht aber trifft gegenseitige Loyalität, auch wenn es sehr kühl klingt, am ehesten zu. Loyalität spürt man aus ihren wenigen hierzu bekannten Zeilen. Keiner von beiden hat sich je respektlos oder gar abfällig geäußert.

Ihre Leidenschaften, denen ein großartiges Werk zu danken ist, lagen ohnehin woanders. Geben wir uns damit zufrieden.

Boccaves-Frucht mit Eidechse. Kleiner Atlas

Familiengründung

Pfingstdienstag, 16. Mai 1665, so der Eintrag im »Population = Hochzeitenbuch No. 5«, findet die Hochzeit statt. Über die nächsten fünf Jahre ist, außer ein paar mageren Daten, so gut wie nichts bekannt; nichts über die Hoffnungen der Frischvermählten, nichts über die bald einsetzenden geschäftlichen Enttäuschungen, die finanziellen Sorgen. Wir erfahren nichts über ihre in Anbetracht der verschiedenen Charaktere zu erwartenden Konflikte, aber auch nichts über ihre Gemeinsamkeiten, ihre Zusammenarbeit. Erst im sehr viel späteren Scheidungsbegehren Maria Sibyllas an den Frankfurter Rat finden sich vage Andeutungen für sexuelle Unverträglichkeiten. Hatten sie deshalb nur zwei Kinder, im Abstand von zehn Jahren, ungewöhnlich damals, übten sie eine Form der Empfängnisverhütung? Ihre religiöse Weltsicht und sein Verlangen nach sinnlichen Freuden, wie paßte das zusammen?

Da in den Archiven und Akten nichts Anderslautendes notiert ist, scheinen sie zunächst weiterhin im Hause Morells gewohnt zu haben. Er soll in wirtschaftliche Schwierigkeiten geraten sein und die Unterstützung der Graffs gebraucht haben. Weder bei ihm noch bei Graff erfüllten sich die Hoffnungen, mit dem Merianschen Verlag in Geschäftsbeziehungen zu kommen. Was wird der jüngere Merian wohl von Graff gehalten haben, wenn er

Morell schon als »kleinen Maler« tituliert hatte. Von ihm war nichts zu erwarten. Vermutlich lebten sie von Auftragsarbeiten. Doch muß sie ihre Forschung, das Sammeln, Notieren, Malen, intensiv weiterbetrieben haben. Die Früchte dieser Arbeit kamen später. Sie übereilte nichts.

Zwei Jahre nach der Hochzeit wird Maria Sibylla, zwanzigjährig, schwanger. Am Sonntag, den 5.1.1668, erblickt die erste Tochter des ungleichen Paares das Licht der Welt, und der Geistliche tauft sie auf den Namen Johanna Helena.

Die wirtschaftliche Lage hat sich durch einen weiteren Esser nicht gebessert, und zwei Jahre später zieht die dreiköpfige Familie nach Nürnberg. Maria Sibylla packt ihre Schachteln und Dosen, ihre Notizbücher und Bilder zusammen und verstaut ihre Farben und Malwerkzeuge in einer Truhe. Die öffentliche Kutsche, seit etwa zwanzig Jahren gab es das, vierrädrig, aber ungefedert, rollt auf holprigen Wegen über Würzburg nach Nürnberg und schüttelt die Reisenden schrecklich durch. Die Reise war mühsam, die Straßen schlecht, der Wagen knarrt. Oft, nach einem Regen, waren die Straßen tiefgründig, mit tiefen Schlaglöchern gesprenkelt, die, wenn sie gar zu tief waren, mit Reisig aufgefüllt wurden. Achsenbrüche waren an der Tagesordnung. Nach meiner Schätzung beträgt die Strecke 220 km. Zwei Autostunden für uns Heutige. Mit Zwischenhalt, Pferdewechsel usw. dauerte der Umzug 27 Stunden. Diese genaue Angabe entnehme ich dem von Johann Baptist Homann, »der Römischen Kaiserlichen Majestät Geograph« Anfang des 18. Jahrhunderts geschaffenen und in Nürnberg verlegten »Curiose Stätt-Zeiger der vornehmsten ort in Teutschland…, wiewelt solche voneinander entlegen«.

Sie kommen aus Richtung Würzburg, also von Westen, im roten Licht der untergehenden Sonne auf Nürnberg zu. Das letzte Stück führt an den vielen Schlingen der Pegnitz entlang, die auch die Straße zu unzähligen, zeitraubenden Windungen zwingen. Kiefernwälder auf Sandboden. Nürnberg ist »mit Gütern der Natur nicht gesegnet. Es besitzt keine Weinberge und keine schiffbaren Flüsse und ist auf sehr dürrem Boden gelegen.« Von weitem sieht sie die Schanzen, dahinter die ältere Stadtmauer, deren unzählige Türme, die Kirchen und über allem die Burg. Alles noch genau so, wie der Vater es 1648 präzise in Kupfer gestochen hatte. Nun also kommt sie, allen Fährnissen zum Trotz, in Nürnberg, Graffs Vaterstadt, an. Da sie zu seinem Haus am Milchmarkt wollen, unterhalb der Kaiserburg, im Nordzipfel der Stadt, und sie sich eine Fahrt durch die engen, verstopften Gassen ersparen wollen, nach der langen Reise endlich, schnell nach Hause möchten, werden sie durch das Neutor gefahren sein oder eher noch, weil unmittelbar am Milchmarkt gelegen, durch den Tiergärtner Torturm. Vielleicht hat Graff ihr das Haus gezeigt, in dem Dürer gewohnt hatte, dicht neben der Stadtmauer, ganz in der Nähe seines eigenen, vor dem sie nun halten, aussteigen, ausladen. Der Marktplatz, die umliegenden Häuser werden überragt von der mächtigen Kaiserburg.

Ihr erster Eindruck von der neuen Heimat: Eng ist es innerhalb der ewig langen Stadtmauer mit ihren 120 Türmen, beengend? Nürnberg ist eine große Stadt mit seinen 25.000 Einwohnern, doch sie geht ihrem Niedergang entgegen. Vorbei die goldenen Zeiten eines Dürer, Hans Sachs, Peter Henlein, des weitestgereisten Behaim, als Schedel hier noch seine Weltchronik verlegte. Nürnberg ist nicht mehr das Schatzkästlein des Reiches, in dem

Kunst und Wissenschaft blühten, als Planwagen aus Riga, Kiew, Istanbul, Lyon, Brüssel, Antwerpen und Venedig tagtäglich durch die Tore holperten und der Handel die Stadt reich gemacht hatte. Graffs Haus trägt den Namen »Zur goldenen Sonne«. Ein Garten gehört dazu, und dort beginnt Maria Sibylla bald wieder, den Raupen und Sommervögelein nachzuspüren.

Zum ersten Mal führt sie nun einen eigenen Haushalt, kann schalten und walten, wie sie will. Es muß sie befreit und angespornt haben. Fast sofort entfaltet sie ihre rastlose, vielfältige Forschertätigkeit, neben dem Haushalt und dem Kind, neben Broterwerbsarbeiten. Mit der ihr eigenen Tüchtigkeit und dem ihr von der Mutter eingepflanzten wirtschaftlichen Realismus. Kästchen mit aufgespießten Schmetterlingen, Notizbücher und Malutensilien neben Kochtöpfen, Windeln und Kinderspielzeug.

Was sie nun in kürzester Zeit aufbaut und in Gang bringt, ist ohne gründliche vorausgegangene Überlegung und Planung nicht machbar.

Als erstes gründet die damals noch Unbekannte, gerade 22 Jahre alt, aus dem Nichts eine Stick- und Malschule für junge Patrizierinnen und Töchter aus Künstlerfamilien. Sie nennt das ihre »Jungfern-Company«. Dazu gehörte Clara Regina Imhoff (1664–1740) aus einer alten Patrizierfamilie, mit der später ein Briefwechsel bestand. Auch Magdalena Fürst (1652–1717) gehörte dazu, die später selbst eine bekannte Koloristin wurde, 1677 das berühmte Exemplar des »Hortus Eystettensis« kolorierte, und die »Jungfer Auerin« – später die Patin ihrer zweiten Tochter –, die nach Maria Sibyllas Wegzug von Nürnberg dort für sie weiterhin den Farbenhandel mit selbsterzeugten Farben, ihrer Haupteinnahmequelle, betrieb. Sie alle lehrte sie in kleinen Gruppen den Gebrauch von Nadel und Stickrahmen, Pinsel und Farben und deren Herstellung. Ihre »Nadelmalereien«, d.h. Stickereien, wurden gepriesen. Dem Geschmack der Zeit entsprechend zeigten sie Blumen und Blumenkränze, von Insekten umflattert, in natürlichen Farben. Dieses Kunsthandwerk hatte Tradition in der Familie. Ein Bruder ihres Stiefvaters, Johann Lucas Morell, arbeitete seit 1638 als Seidensticker in Frankfurt, von ihm könnte sie gelernt haben. Aus Sandrarts Berichten in seiner »Teutsche Academie der Edlen Bau-, Bild- und Mahlerey-Künste« von 1675 sind wir über diese Zeit in Umrissen unterrichtet. Sie male nicht nur mit Öl- und Wasserfarben Blumen, Früchte und Exkremente – er meint, dem Glauben seiner Zeit gemäß, die aus Unrat und Schmutz geborenen Insekten, ihre »Würmer«, also Raupen, sondern sie bereite wasserechte, d.h. feste, nicht auswaschbare Farben, mit denen sie Seide und Leinen mit Blumen und Tieren bemale. Sie unterrichte Schülerinnen in der Kunst des Blumenstickens, wofür sie Kupferstiche als Vorlagen verfertigt habe.

Diese Blätter, das »Blumenbuch«, zeigen noch die Lieblingsblumen ihrer Zeit, Päonien, Narzissen, Kaiserkronen, in dekorativen Gebinden oder in leicht stilisierten Einzelstücken, gefällig komponiert, noch ganz dem Stilzwang des Barock unterworfen. Nichts deutet auf Großes hin. Auch das Leben scheint ein übliches. Keine abenteuerlichen Wendungen sind in Sicht.

Das »Blumenbuch«

Die ersten zwölf »Vorlagen« für den Stickunterricht gab sie 1675 unter dem Titel »Florum Fasciculus Primus« heraus. Auch der zweite Teil erschien, zwei Jahre später, ungebunden in Form einer losen Blättersammlung unter dem nun deutschen Titel »Zweyter Blumen-Theil: so Maria Sibylla Gräffin Matth: Merians Seel. des Aeltern Tochter nach dem Leben gemahlet und selbst auffs Kupffer gebracht. Zu finden in Nürnberg: bey Joh: Andr: Graffen Mahlern. A. 1677«. Wieder zwei Jahre später vereinigte sie drei Teile unter dem Titel: »M: S: Gräffin, Merians des Aeltern Tochter. Neues Blumenbuch/Allen Kunstverständigen Liebhabern zu Lust, Nutz und Dienst, mit fleiss verfertiget zu finden bey Joh. Andrea Graffen, Mahlern zu Nürnberg im Jahr 1680«. Interessant, weil auffällig hervorgehoben, ist die Erwähnung des Vaters in allen drei Werken. Das war sicher gute Werbung, zeigt aber auch verehrendes, dankbares Gedenken und erinnert an seine letzten Worte an sie.

»Nach dem Leben gemahlet«, das war das Neue und zeigt ihren Stolz darüber. Bereits jetzt bestechen ihre Bilder durch die Schärfe der Beobachtung und der Genauigkeit der Darstellung. Ihr alter Traum beginnt sich zu erfüllen. Und »selbst aufs Kupfer gebracht«: Also hat sie nicht nur Aquarelle als Entwürfe geliefert und diese stechen lassen, sie beherrschte diese Technik bereits perfekt selbst. Die zitierten Titel sind in allen drei Teilen von Blumenkränzen umgeben, durchaus erkennbar der Stil Morells, dessen Einfluß aber mit jedem Teil geringer wird. Obwohl bereits von großer Kunstfertigkeit, war es lediglich als Rezeptbuch gedacht. Im Vorwort schreibt sie, daß sie »nicht um eigenes Nutzens willen sondern vielmehr der Lehrgierigen Jugend zum besten, und dann auch der Nachwelt zum Angedenken... und allen Kunstverständigen Liebhabern zu Nutz und Lust dienlich seyn möchte«.

Durchaus üblich war es dazumal, gar in einem Vorlagenbuch, von anderen zu kopieren, und das tat sie, so wie danach andere bei ihr. Schon im Titelkranz der ersten Lieferung bemerkt man Anleihen aus einem Atlas von Nicolas Robert (1614–1685), 1665 in Rom erschienen – sie war informiert, kannte viele Werke der Zeit –, dem sie auch für Tafel 4 die Narzissen entnahm, aber die Komposition abänderte. Auf Tafel 8 fügt sie der Vorlage eine Irisknospe und einen Segelfalter hinzu, dekorativ ausgewogen und entsprechend der vorgesehenen Verwendung. Die Pfingstrose von Tafel 12 aus Teil 1 entnahm sie der von ihrem Vater 1641 neu herausgegebenen Ausgabe von Großvater de Brys 1612/1616 veröffentlichtem »Florilegium novum«, änderte aber auch hier ab. Diese Abhängigkeiten wurden von Max Adolf Pfeiffer bereits 1936 nachgewiesen.

Noch mehr aber machten andere Anleihen bei ihr. J. C. Weigel d. J., besonders dreist, entnahm vollständige Kompositionen in sein ebenfalls in Nürnberg erschienenes Buch »Der Flora schönster Gartenschmuck/das ist Ausbund auserlesener schönster Blumen, so alle nach dem Leben gezeichnet«. Nur eben nicht von ihm.

Ebenfalls in Nürnberg erschien das »Blumen- und Insecten-Buch« von C. S. Froberg, der die ausgewogenen Kompositionen Maria Sibyllas durch eigene Zusätze verschandelte. Die Vorbilder, von denen sie kopierte, waren sämtlich unkoloriert. Die Farbgebung beruhte also auf eigenem Beobachten der Natur.

Entsprechend ihrem gedachten Verwendungszweck gingen die begehrten Stickvorlagen von Hand zu Hand und sind deshalb außerordentlich selten erhalten. Nebenher war weiter die Brotarbeit zu verrichten, um die Familie zu ernähren. Joachim von Sandrart hebt in seiner »Teutschen Academie« die »Perfection« im Bemalen von Stoffen hervor, »sodass beide Seiten vollkommen erscheinen und waschbar sind«.

Das waren Haushalts-Gebrauchs-Gegenstände, und so ist davon nichts erhalten. Johann Caspar Fuesslin teilt uns im zweiten Band seiner »Geschichte der besten Kuenstler in der Schweiz« von 1769 mit, daß er solche bemalten Stoffe, einhundert Jahre später noch, bei der Markgräfin von Baden gesehen hat. »Sie versicherte mich, daß ein gewisser, grosser General ein ganzes Gezelt auf diese Art gemahlt von der gleichen Hand gehabt hätte.«

Daniel Burckhardt-Werthemann vermutete in dem General den Türkenlouis. Frühste Quelle ist der nicht immer zuverlässige Johann Gabriel Doppelmayr. Er hatte 1730 in seinen »Historischen Nachrichten von den Nürnbergischen Mathematicis und Künstlern« dasselbe verlauten lassen. Alle weiteren scheinen von ihm abgeschrieben zu haben. Sandrart, zeitlich dicht dran, berichtet nichts davon.

Wir stellen uns vor, der grimme Markgraf Ludwig Wilhelm I., genannt Türkenlouis, mitten im Schlachtgetümmel. Die Türken leisten erbitterten Widerstand, es raucht und kracht, Geschrei und Stöhnen gellen ihm in den Ohren. Er sitzt vor diesem mit herrlichen Blumen, Schmetterlingen und allerlei bunten Vögeln ausgemalten, doch schon etwas zerfetzten Feldherrenzelt und brüllt seine Befehle.

Das ist wieder so eine Geschichte. Ich bin dem nachgegangen. Über diesen Haudegen gingen die ruhmvollsten Gerüchte über seine Erfolge um, die er im Osten auf dem Schlachtfeld an der Seite Prinz Eugens gegen die Türken errungen hatte. Es waren bewegte Zeiten, in denen die Merianin lebte. Die Zeitläufe werden sie beschäftigt haben, auch wenn Nürnberg zum Glück etwas abseits vom Geschehen lag.

Der Türkenlouis füllte seine Residenz mit erlesenen Büchern, Stichen, Skizzen sowie einer beträchtlichen und berühmten botanischen und zoologischen Sammlung. Der alte Kämpe war also ein gebildeter Mann und wollte möglicherweise auch auf dem Schlachtfeld seine künstlerischen und naturwissenschaftlichen Interessen nicht missen und hatte deshalb den Auftrag zur prächtigen Bemalung seines Zeltes an Maria Sibylla vergeben.

Doch wann könnte dieses Ereignis, das allgemein in ihre Nürnberger Zeit verlegt wird, stattgefunden haben?

1670, im 23. Lebensjahr Maria Sibyllas, zogen die Graffs nach Nürnberg. Da war der Türkenlouis gerade erst fünfzehn Jahre alt, zu früh also für eine Begegnung der beiden. Machte er anläßlich der Augsburger Allianz einen Abstecher nach Nürnberg? Da war Maria Sibylla 39 Jahre alt.

Hier wird ein kleiner Vorgriff notwendig. 1682 bricht sie ihre Zelte in Nürnberg wieder ab, zurück nach Frankfurt. Das liegt immer noch vier Jahre vor der Augsburger Allianz. Es paßt alles nicht so recht zusammen. Und warum sollte die Markgräfin von Baden ihren berühmten Vorfahren »einen gewissen General« nennen?

Da sich in Sibyllas Vorwort zum »Neuen Blumenbuch« ihre fassungslose Bemerkung zur Tulipomanie findet, so ist nun einiges zu dieser Manie anzumerken. Merkwürdig daran ist, daß diese verschwenderische Epidemie ein ganzes, noch dazu so sparsames und bodenständiges Volk wie die Holländer erfassen konnte. Herbert vermutet, daß die grenzenlose Monotonie der holländischen Landschaft den Traum von einer vielfarbigen Flora geboren hat, eine Sehnsucht nach dem verlorenen Paradies. Nur hier konnte die Blumenmalerei erfunden werden.

Wie so vieles andere kam die Tulpe aus dem Orient in den Westen. Ein Gesandter der Habsburger am Hof Suleimans des Prächtigen schickte 1554 einige Tulpenzwiebeln an den Wiener Hof. Damit nahm die Sucht ihren Lauf, erst zögerlich, dann immer gewaltsamer, unaufhaltsam wie eine Springflut. 1561 gab Conrad Gesner die erste wissenschaftliche Beschreibung. In den Gärten der Augsburger Bankiers Fugger konnte man sie im selben Jahr in bunter Fülle bewundern. Sie breitete sich aus nach Frankreich, den Niederlanden, griff über nach England, noch immer nur in den Gärten der Vornehmen. Doch zu Beginn des 17. Jahrhunderts entdeckte man erste Anzeichen des Tulpenfiebers in Frankreich. Ein Müller trennte sich für eine einzige Zwiebel von seiner Mühle. Ein anderer tauschte kurz darauf seine Brauerei gegen eine Tulpe ein.

In Holland schließlich nahm das Fieber kriminelle Ausmaße an. In einer wie immer in solchen Fällen dunklen Nacht, der Mond war von Wolken verhangen, überstiegen Unbekannte die Mauern des Universitätsgartens in Leiden und stahlen die Tulpen, gute 60 Jahre vor dem nächtlichen Ausflug der noch kindlichen Maria Sibylla in den Garten des Grafen. Geradezu aufgefordert wurden sie hierzu von dem Professor der Botanik, Clusius, der, redselig wie er war, seinen Universitätskollegen, aber auch abends in den Kneipen seinen Zechkumpanen, von seinen über alles geliebten, kostbaren Tulpen erzählte. Die botanisch gebildeten Diebe stahlen nur die seltensten und kostbarsten Zwiebeln. Der Professor soll sich bis an sein Lebensende nicht mehr für Tulpen interessiert haben. Die Spekulation war in vollem Gange. Mehr als ein Jahrzehnt dauerte der Wahn, und während dieser ganzen langen Zeit hielt sich an der Spitze die in Maria Sibyllas Vorwort erwähnte »Semper Augustus«.

Auf Bildern ist sie dargestellt: An den weißen Blütenblättern entlang laufen rote Äderchen und der Kelchgrund ist hellblau wie der holländische Himmel. Ihr Preis betrug 5 000 Gulden, der Wert eines Hauses. Die Begierden und Illusionen weckten ein fiebriges Gewinnstreben und der Ruin vieler war die Folge. Für eine Zwiebel der Sorte »Vizekönig«, halb so viel wert wie »Semper Augustus«, zahlte man: 2 Fuder Weizen, 4 Fuder Roggen, 4 fette Ochsen, 8 fette Schweine, 12 fette Schafe, 2 Fässer Wein, 4 Tonnen erstklassiges Bier, 1 000 Pfund Käse, einen Anzug, ein Bett und einen Silberpokal.

Man ahnt in der Aufzählung noch das Feilschen, immer mehr mußte zugelegt werden, bis der Besitzer der Tulpenzwiebel einschlug. War der Käufer ein Bauer, der außer seinem Hof alles einsetzte? Zu Beginn der Manie stieg der Wert der Zwiebeln unablässig. Das Ganze geschah inoffiziell, von den Behörden verboten, wurde dadurch aber immer nur verlockender. Die Käufe und Verkäufe fanden in den dunklen Hinterzimmern der Kneipen statt. Die Prediger wetterten von den Kanzeln dagegen

Maccùpflanze (Stachelmohn) mit zwei Bockkäfern

und handelten heimlich mit. Man mußte ständig vor Ort sein, auf dem neuesten Stand, das ließ kaum noch andere Arbeit zu. Und man lebte in ständiger Angst. Ausgeklügelte Alarmsysteme sicherten die Gärten. Da, auf dem Höhepunkt der Manie, vielleicht an irgendeinem schwarzen Freitag des Jahres 1637, kam der Zusammenbruch. Die Generalstaaten erließen eine Verordnung, danach war die »Semper Augustus« nur noch 50 Gulden wert, ein Hundertstel ihres Börsenpreises. Doch der Erlaß kam, als die Manie bereits im Ausklingen begriffen war. Am Ende wollten alle verkaufen, doch es gab keine Käufer mehr. Tausende waren ruiniert, besitzlos geworden, konnten ihre Schulden nicht bezahlen, wanderten in den Kerker. Als Ausweg blieb der Dienst in der Flotte oder Bettelei.

Dieses katastrophale und tragische Ende eines letztlich unerklärlichen Wahns ereignete sich elf Jahre vor der Geburt Maria Sibylla Merians. Offensichtlich wurde noch Jahrzehnte später davon erzählt. Ihrem realistischen, allem Übertriebenen abholden Sinn muß das Gehörte zu eindrücklich und zweifelhaft gewesen sein, daß es ihr viele Jahre später einer Erwähnung im Vorwort zu ihrem zweiten Blumenbuch wert war.

»Der Raupen wunderbare Verwandelung«

Als hätte unsere Künstlerin nicht schon genug zu tun gehabt mit dem Bemalen von Stoffen, ihren Forschungen und Sammlungen, das Blumenbuch mit seinen drei Teilen herauszugeben, das Raupenbuch vorzubereiten – im Vorwort zum Blumenbuch hatte sie es bereits angekündigt –, einen schwungvollen Handel mit selbstverfertigten Farben betrieb sie außerdem noch, und nun, am 2. Februar 1678, zehn Jahre nach der ersten, gebar sie ihre zweite Tochter, Dorothea Maria, wie es im Taufbuch von Skt. Sebald eingetragen wurde.

1679 erscheint ihr erstes wirkliches Wunderwerk, das Raupenbuch, eine geglückte Verbindung wissenschaftlicher Beobachtungen und künstlerischer Darstellung.

Das für mich nächste erreichbare Exemplar liegt im Kupferstichkabinett des Kunstmuseums in Basel. Die Strecke muß Merian öfter gereist sein, von Basel Richtung Frankfurt. Per Kutsche, zu Pferd, auf dem Fluß? Ein Hauptverkehrsweg zu allen Zeiten, Nord–Süd, Basel–Frankfurt. Wo war damals die Straße, wie sah sie aus? Sie lief vermutlich erhöht, an der Hügelkette entlang, wie schon zu Zeiten der Römer. Ein Stich aus dieser Zeit zeigt den Kalksteinsporn des Isteiner Klotz, Leute schauen auf den Rhein herab. Der bildet ein halbes Dutzend Arme, dazwischen Sand- und Kiesbänke. Die Straße eng an den

Felsklotz gerückt, unterhalb der Steinbrüche des Kalkwerks, das dort heute abbaut. Korallenbänke eines vorzeitlichen Meeres. Hier leben Smaragdeidechsen, Gottesanbeterinnen, seltene Käfer und Schmetterlinge, verschiedene Orchideen. Da hätte Maria Sibylla gestaunt. Doch hier war sie nie. Der Vater war lange vor ihrer Geburt aus Basel fortgezogen.

Das Kupferstichkabinett: ein großer Raum mit Blick in einen Garten. Große, alte, massive Holztische. Mit abgewetztem Leder bezogene Schreibunterlagen, eingelassen im Holz der Tischplatten. Weitausladende, zweiarmige Lampen mit Metallschirm. Ein großes, unübersehbares Pappschild, vergilbt, einst rote Buchstaben: SILENCIUM. Ein paar Leute nur sitzen über Bücher gebeugt. Leise Stimmen. Staubiger Geruch. Zwei kleine Bändchen bekomme ich, das Raupenbuch. Zum ersten Mal sehe ich das Original.

Ob ich auch, später, das Surinambuch sehen wolle? Ich kann es nicht glauben. In der Faksimile-Ausgabe des Insel-Verlags, im Verzeichnis der ermittelten Erstausgaben, steht nichts von einem Exemplar im Kupferstichkabinett Basel, nur von einem in der dortigen Universitätsbibliothek. Ja, da ist noch so manches hier, was man nicht weiß, sagt die Bibliothekarin und geht weiter.

Doch zurück zum Raupenbuch: hellbrauner, duftender Ganzledereinband, Goldschnitt, hervorragend erhalten. Woher stammt das wohl, das fast 350 Jahre alte Kunstwerk? Auf der Einbandinnenseite findet sich eingeklebt ein Zettel mit altmodischer Schnörkelschrift: »Geschenk der Badischen Anilin- und Sodafabrik, zum Universitätsjubiläum, Sommer 1960«. Davon überklebt, wird noch der obere Rand eines Exlibris sichtbar, dort ein Band, und in diesem steht: »LI AC Baierus PH. Med. D«.

Ein Bleistifteintrag: Zwei Bände. Erstausgabe, von Maria Sibylla Merian selbst koloriert. Band III erst 1717, posthum erschienen.

Ich habe hier also Teil I in der Hand, 1679 bei Andreas Knortzen erschienen. Zuerst ein Lobgedicht auf die Künstlerin von C. Arnold, in dem er die Merian mit berühmten Forschern ihrer Zeit vergleicht. Dann folgt ihr Vorwort, »zuvor mit Farben abconterfayt / und dann von mir aufs Kupfer gebracht oder gestochen worden...«, »Den Naturkundigen / Kunstmahlern / und Gartenliebhabern zu Dienst...«. Nun der Blütenkranz mit dem Titel darin: »Der Raupen Wunderbare Verwandelung und Sonderbare Blumen-Nahrung worinnen durch eine gantz neue Erfindung. Der Raupen, Würmer, Sommervögelein, Motten, Fliegen, und anderer dergleichen Thierlein, Ursprung, Speisen und Veränderungen... Den Naturkündigern, Kunstmahlern, und Gartenliebhabern zu Dienst, fleissig untersucht, kürtzlich beschrieben, nach dem Leben abgemahlt, ins Kupfer gestochen, und selbst verlegt, von Maria Sibylla Gräffin, Matthaei: Merians, des Eltern, Seel. Tochter. In Nürnberg zu finden, bey Johann Andreas Graffen, Mahlern, in Frankfurt, und Leipzig, bey David Funken. Gedruckt bei Andreas Knortzen, 1679«.

Sie läßt nun das Buch beginnen mit dem Text zur Seidenraupe, denn das »ist das wichtigste Insekt«. Sie beschreibt den Unterschied zwischen Tagfaltern und »Mottenvögelein«, den Nachtfaltern, die »werden bey ihren dicken Köpfen erkandt.« Es sind, liest man, »... auch die kleinsten und grössten Würmlein... mit solcher Weisheit begabt / daß sie in gewissen Stücken die Menschen (wie es scheint) fast zu Schanden machen: Indem sie nemlich ihre Zeit und Ordnung fleissig halten und nicht eher hervorkommen / bis daß sie ihre Speise zu finden wissen. So werden auch die Vöglein ihren Samen fast nirgends anders hinsetzen als wo sie wissen/daß ihre Jungen die Nahrung oder Speise bekommen.«

Was die Einteilung der Zeit, die Ordnung sowie die Sorge um den Nachwuchs betrifft, scheint sie keinen guten Eindruck von ihren Zeitgenossen gehabt zu haben. Sie selbst muß in diesen Dingen eine Könnerin gewesen sein. Ohne sehr systematisches Arbeiten hätte sie ihre umfangreiche Arbeit nicht bewältigen können. Über ihre Arbeitsweise wird das »Leningrader Studienbuch« Auskunft geben.

Über die Puppen heißt es: »Theils scheinen/als wann sie mit Gold überzogen oder damit gesprinzelt/... theils sind anzusehen/wie Silber oder Perlmutter.« Dann beschreibt sie, daß der Faden, an dem manche sich aufhängen, so fest sei, daß er nur mit Mühe mittels eines Messers durchzutrennen sei – sie hat also experimentiert – »wiewohl die Zeitigung dadurch verhindert wird«. Ein bis zwei Seiten Text, jeweils abgeschlossen durch eine Vignette mit Blumen und/oder Insekten. Gegenüber die zugehörige Tafel. Am unteren Rand jeder Tafel, handschriftlich, mit schräger, sehr feiner, dünner Schrift und schwarzer Tinte, finden sich Anmerkungen des – welchen? – Besitzers, die lateinische Bezeichnung der Pflanzen.

Bei den Kirschen – was für ein Kirschrot! – Tafel XXIII, ist sie etwas über den Rand gekommen mit dem Pinsel. Ich sehe sie förmlich vor mir. Sie saß da vor 350 Jahren und hat Blatt für Blatt, Buch für Buch 50 Tafeln, koloriert. Auf Seite 103 ein »Raupenlied« im Ton: »Jesu/der du meine Seele...«, und es endet: »Laß mich armes Würmelein/Dir alsdann befohlen seyn.« Wieder von C. Arnold. Wer war das? Dann ein »Register der denkwürdigsten Sachen / von der Raupen Verwandlung / und Nahrung« zum leichteren Auffinden und ein Index mit den damaligen lateinischen Bezeichnungen nebst Seitenzahl, wo zu finden. Gründlich.

Nun Band II, »Anderer Teil«, im gleichen Einband, von 1683. Ein noch schöneres Kränzlein mit Titel, darunter, klein: »Maria Sibylla Gräffin sculpsit«, man erfährt, daß die »Verwandlungen koloriert, unkoloriert oder teilkoloriert zu erhalten« seien. Je nach Geldbeutel.

Diesmal ein Inhaltsverzeichnis vorne, nach dem obligatorischen C. Arnold-Gedicht. Sie weist im Vorwort darauf hin, daß nun »mehr als hundert Verwandlungen gezeigt werden«, auf den wiederum 50 Tafeln, und beginnt diesmal wieder mit dem »wichtigsten Insekt, der Biene«, auf einem Veilchen, »zumal ich ein sattsames Vergnügen noch täglich darinnen finde«.

Häusliches Nachforschen ergibt: Es gibt zwei Arnolde. Der dichtende C. Arnold ist der Vater von Andreas Arnold, dem sie zusammen mit Graff in Nürnberg ins Stammbuch gemalt hat. Andreas Arnold war nach Dekkert ein sie verehrender Professor, der das Lobgedicht geschrieben haben soll. Haben mich in Basel meine Augen getäuscht? Da stand im Raupenbuch doch C. Arnold als Verfasser des Gedichts. Bei Pfister-Burkhalter lese ich: »Wenn daher Christoph Arnold, 1646–1694, die Autorin seinem vorangestellten Lobgedicht...«. Doch dann wird es kompliziert. Bei Kerner ist der Dichter plötzlich Landwirt und Amateurastronom. Was war er nun? Und wer war wer?

In der Merian-Literatur bisher unerwähnt geblieben ist die Verbindung von C. Arnold zu Spener und Schütz, zwei führenden Pietisten. Mit Spener führte er Briefwechsel. Dies ist von Bedeutung, da sich damit auch hier in

Nürnberg erste Verbindungen Maria Sibyllas zur Sekte Labadies andeuten, in der sie später in Holland in ihrer schwersten Zeit Unterschlupf finden wird.

Ihre Kenntnisse über das zeitgenössische Schrifttum deuten darauf hin, daß sie schon zu dieser Zeit Latein, die Gelehrtensprache, lernte. Sie verfaßte aber den Text mutig in Deutsch. Er sollte für alle, nicht nur für die Gelehrten, lesbar sein.

Der Besuch in der Seidenfabrik, mit dreizehn Jahren, hatte sie neunzehn Jahre später, hierher, zu ihrem ersten entomologischen, wissenschaftlichen Kunstwerk geführt. Das Raupenbuch ist ein ganz und gar anderes Werk als noch das Blumenbuch. Dort war sie noch ihren Vorbildern Morell und Mignon verhaftet, auch dem Stil der Barockzeit. Die Tiere waren schmückendes Element auf den gefällig komponierten Blumenarrangements. Neu waren die nach der Natur beobachteten Farben gewesen, ihre Vorlagen waren schwarzweiß.

Die Imhoffs, wie auch Sandrart, besaßen eine Dürer-Sammlung. Maria Sibylla muß dort die Kunstwerke ihres Vorgängers gesehen haben. Das hat ihren Stil beeinflußt. Die Bilder werden natürlicher, genauer in den Details. Nun malt sie auch unscheinbare Pflanzen, wenn sie spezielle Futterpflanzen eines bestimmten Insekts sind. Sie beschreibt die Verwandlungen der Insekten, die sie oft über lange Zeiträume hinweg beobachten mußte, minutiös. »Also habe ich oft grosse Mühe in Auffangung derjenigen (Thierlein) angewandt, bis ich endlich, vermittelst der Seidenwürmer, auf der Raupen Veränderung gekommen, und denselben nachgedacht, ob nicht dort auch eben dergleichen Verwandelung vorgehen möchte ... Wie ich dann bis in das fünfte Jahr hero denselbigen stets abgewartet, und wunderbarliche Veränderungen erfahren: solches auch für jedermänniglich, der es zu sehen verlangte, in einer Schachtel aufbehalten, und gewiesen. Sooft nur solches geschehen, hat man Gottes sonderbare Allmacht... hoch gepreiset... Suche demnach hierinnen nicht meine, sondern allein Gottes Ehre, ihn als einen Schöpfer auch dieser geringsten Würmlein, zu preisen.«

Die Raupenbücher erschienen als Quartbände. Als Rahmen für den Titel nahm sie zwei Zweige des Maulbeerbaums. Auf den von ihm angenagten Blättern erhielt der Seidenspinner seinen Ehrenplatz. Unten auf den Zweigenden steht der Name der Künstlerin.

In der Einleitung schreibt sie: »... bey jeglicher Gattung, mit wohlgeleister Hülfe meines Eheliebsten, dero nach dem Leben abgemahlte Speisen hinzuzufügen.« Die Art dieser Hilfe ihres Mannes bleibt unklar. Hier beim Raupenbuch wendet sie zum ersten Mal das Umdruckverfahren an. Ein Umdruck entsteht, wenn ein feuchtes Papier auf einen noch druckfrischen Stich gelegt wird und dann nochmals durch die Druckerpresse geht. Dadurch entsteht wieder ein Positiv, gleich der zeichnerischen Vorlage, jedoch im Strich blasser und weicher als ein Kupferstich. Da die kolorierten Umdrucke als Muster für die Kolorierung der Bücher dienten, waren sie sehr sorgfältig, meist von ihr selbst, ausgeführt und wurden dann von Lehrtöchtern, Damen ihres Malunterrichts und ihren Töchtern kopiert. Kaufen konnte man das Werk, je nach Preis, unkoloriert, halbkoloriert oder ganz koloriert.

Die beschreibenden Texte, mit genauen Daten über die Dauer der Verwandlungen – zwischen Engerling und Maikäfer vergehen drei lange Jahre –, liegen der Abbildung jeweils gegenüber. Ihre Beschreibungen sind sehr lebhaft und anschaulich. Ein Gespinst vergleicht sie mit »einem gestrickten Fischsack«. Eine sich häutende Raupe

Teufelsapfel (Solanum Americanum) mit Gottesanbeterin

»schiebt ihre haut drey oder vier mal ganz ab, eben wie ein Mensch über den Kopf ein Hemd auszieht«. Eine sich verpuppende Raupe ähnelt einem »eingewickelten Kind«.

Sie beobachtet, daß man die Seidenraupe auch mit Salatblättern füttern kann, die »fleissig abgetrucknet werden müssen,... denn sobald sie etwas Nasses essen, so werden sie krank und sterben.« Ihre Vermutung, »daß eine schöne Raupe auch ein wohlgestaltetes Motten- oder Sommervögelein, eine häßliche Raupe eben dergleichen Vögelein gebe«, korrigiert sie: »Ich befand aber nach und nach aus so vielfältiger Erfahrung, daß meine Meinung nicht recht. Ich hab erfahren, daß aus mancher unansehnlichen Raupe oft etwas gar schönes worden ist.« Sie beschreibt das Verhalten der Raupen als gefräßig, »geil«, d.h. gierig, langsam oder schnell, manche rühren sich nach einem Anstupsen für Stunden nicht mehr.

Für Selbstkolorierer der preiswerteren Schwarzweißausgabe gibt sie genaue Beschreibungen. Die Raupe des Pfauenauges hat »eine so schöne grüne Farb wie im Frühling das junge Gras, mit einem schönen geraden, schwarzen Strich über den ganzen Rucken und auf jedem Glied hinabwarts auch einen schwarzen Streif, worauf vier weiße, runde Körnlein gleich den Perlen geschienen: Worunter ein gold-gelbes, längliches Düpfelein ist, und unter diesen noch ein weißes Perlen. Auf gedachten jeden Perlen geht ein langes, schwarzes Häärlein samt anderen kleinen heraus, welche hart, daß man sich bald daran stechen sollte...«. »Merkwürdig ist, daß diese Art Raupen, wann sie keine Speise haben, inander selbst für grossen Hunger auffressen.«

Sie beobachtet, daß aus manchen Raupen keine Schmetterlinge, sondern Fliegen schlüpfen, kann sich das nicht erklären und überläßt es den Gelehrten, herauszufinden, was die »rechte Ursach solcher unordentlichen Veränderungen sey«. Damit hat sie die ersten Abbildungen zu dem erst später erkannten Phänomen geliefert, daß Schmarotzerinsekten ihre Eier in Schmetterlingsraupen legen, deren Raupen diese dann von innen verzehren, sich darin weiterverwandeln und schließlich aus der leeren Hülle ausschlüpfen.

Neu war ihre Beobachtung und Darstellung der vollständigen Metamorphose der Insekten vom Ei über die Raupe, Puppe bis zum fertigen Insekt. Neu war auch der ökologische Aspekt, die Zuordnung der Insekten zu ihren jeweiligen Futterpflanzen. Andere berühmte Forscher ihrer Zeit wie Goedaert, Swammerdam, Redi, Malpighi hatten, wenn überhaupt, nur unvollständige Metamorphosen erkannt, Goedaert hing gar noch der Theorie der Urzeugung der Insekten aus Schlamm an.

Über ihre Arbeitsweise erfahren wir Genaues aus dem sogenannten »Leningrader Studienbuch«, einer Sammlung von Aquarellen, die nach ihrem Tod nach Leningrad gelangt sind. Sämtliche Vorstudien zu allen drei Raupenbüchern – das dritte sollte erst, von ihrer Tochter herausgegeben, nach ihrem Tod erscheinen – sind darin enthalten. Hier sind es noch nicht die kunstvollen Kompositionen der Pflanzen mit den beobachteten Metamorphosen, sondern wissenschaftliche Studien. Jeder Schmetterling und Käfer für sich. Blatt für Blatt von ihr numeriert und so einem zugehörigen Text in ihrer Handschrift, ebenfalls numeriert, zuzuordnen.

Ganz nebenbei erfährt man viel detektivisch Erarbeitetes. Bei der Untersuchung der Wasserzeichen des Malgrundes fand sich das Stadtwappen der ehemaligen Reichsstadt Wangen im Allgäu: Eine Lilie, ein halber Adler und im Stirnreif der Kranz dreier Gesichter = Wangen. Dabei finden sich die Initialen SH des Papiermachers Steiger Hans, 1647–1655, Besitzer der Papiermühle in Niederwangen. Zwei Blätter zeigen als Wasserzeichen ein gekröntes Lilienwappen, die Straßburger Lilie, mit den Initialen WR des Wendelin Riehel. Er ist nachgewiesen in Straßburg seit 1535, seine Nachfolger bis 1681. Auch findet sich holländisches Papier, verwendet in Amsterdam 1686. Das zeigt einiges über Handelswege, Papierfabrikation, aber wichtiger ist, es verhilft zur Datierung ihrer Werke. Die Untersuchung ihrer Schrift ergab drei Schrifttypen in den gesamten Aufzeichnungen, die sich über 30 Jahre erstrecken und die genau bestimmten Zeitabschnitten zuzuordnen sind. Sogar der Klebstoff, mit dem sie die Umrahmungen aus blauem Papier auf die Aquarelle geklebt hatte, wurde untersucht: Bienenwachs. 290 Aquarelle von 318 sind noch erhalten und liegen der Faksimileausgabe bei. Seit den dreißiger Jahren des 19. Jahrhunderts lag das Studienbuch in der Handschriftenabteilung der Bibliothek der Akademie der Wissenschaften in Petersburg. Weder die große Überschwemmung Petersburgs noch der Weltkrieg haben ihm Schaden zugefügt. Während des Kriegs war es im Souterrain der Bibliothek versteckt.

Dieses Buch mit den Aquarellen war gewissermaßen das entomologische Archiv der Merian, auf das sie für ihre Druckwerke zurückgreifen konnte. Die handschriftlichen Vermerke enthalten Material der drei Teile ihres Raupenbuchs und mit Ausnahme von zwei Tafeln alles Material für das später erschienene Surinambuch.

Der Text gibt auch Auskunft zu ihrer Biographie. Nach Irina Lebedeva liefert das Studienbuch Belege dafür, daß sich ihr Talent früher als bisher angenommen entwickelt hat. Im letzten Absatz zum ersten Blatt heißt es, »diese

Untersuchung habe ich in Franckfurt 1660, Gottlob, angehebt«. Das Blatt zeigt den Seidenspinner in allen Entwicklungsstadien. Auf Blatt 2 vermerkt sie: »Ao 1660 in Franckfurt am Mein meine erste Unterfindung«. Mit dreizehn Jahren bereits hatte sie also ihren Stil gefunden und nach ihren eigenen Beobachtungen gemalt. Noch früher müssen die ungenauer beobachteten und gemalten Pflanzen und Tiere in den »Leningrader Aquarellen« entstanden sein oder jene kleinformatigen Blätter mit Goldrand im Kupferstichkabinett der Staatlichen Museen Berlin und in der Senkenbergischen Bibliothek in Frankfurt. Manche der Aquarelle erinnern an Bilder Mignons und Morells und sind um 1655, in ihrem achten Lebensjahr, anzusetzen.

Eintragungen im Studienbuch belegen auch, daß sie in Nürnberg ihre Studien und Insektenforschungen fortsetzte. Laut dem Text zu Nr. 119 ging sie in ihrem Garten »neben der Schloßkirchen, sowohl die Blumen zu besehen, alß Raupen zu suchen«. Durch Clara Imhoff hatte sie Zugang zum Garten Volckamers auf der Stadtmauer, aus dem sie Raupen mitbrachte (Nr. 110). Sie sammelte im Dorf Kraftshof (Nr. 132), in Altdorf (Nr. 119), bekam Raupen aus Regensburg von »hohen Liebhabern« (Nr. 140) geschickt. Zu Nr. 115 berichtet sie, daß sie in den für den Kochtopf bestimmten Lerchen Schmarotzer beobachtet hat. Sie hatte ihre neugierigen Augen überall.

Wir erfahren auch, daß nach dem Tod ihres Stiefvaters Morell in ihrem 34. Lebensjahr, am 11. November 1681, der Umzug zurück nach Frankfurt stattfand, wohl um die Mutter zu unterstützen. Dies wurde, das wissen wir erst jetzt aus dem Studienbuch, kein vorübergehender Aufenthalt. Der Text zu Nr. 132 schildert die Zeit April, Mai 1680 in Nürnberg und führt dann aus »alß ich aber 1682 (nach 14 Jahren Wohnung zu Nürnberg, durch Gottes Schickung) wieder nach F.furt am Mayn zog, fande ich an dem Bockenheimer Weg den 14. May ein grosses Gespinst«. Bis 1685 lebte sie laut den wenigen erhaltenen Briefen und den häufigen Ortsangaben im Studienbuch in Frankfurt. In den Sommermonaten 1683 und 1684 besuchte sie Bad Schwalbach, den Sterbeort ihres Vaters.

Am 17. Juni 1685 entdeckt sie in einem sumpfigen Weiher bei Sachsenhausen in den Fühlern der Bernsteinschnecke den erst 1835 von C. G. Carus beschriebenen Keimschlauch eines parasitischen Saugwurms. Eine frühe, echte Forscherin.

Dies ist dann auch das letzte Datum für Frankfurt. Danach fehlen Belege bis zum April 1686, wo sie nach Schloß Waltha, Westfriesland, Niederlande, umzieht. Mit Mutter und Töchtern, aber ohne Mann. Doch soweit sind wir noch nicht. Ihre Beschreibungen und Abbildungen waren so exakt, daß Entomologen heute bei etwa zwei Drittel der abgebildeten Insekten die Gattung und bei mehr als der Hälfte die Art bestimmen können.

50 Jahre nach dem Erscheinen des Raupenbuchs hat Carl von Linné 1735 in seinem »Systema Naturae« ein einheitliches Klassifikationssystem und eine einheitliche Namensgebung geschaffen, die bis heute Gültigkeit haben. Er verwendet dabei auch Maria Sibyllas Forschungen und benennt eine Mottenart ihr zu Ehren: »Tinea Merianella«. Die Merian war mit diesem Buch die erste deutsche Insektenforscherin und eine der ersten Forscherinnen überhaupt.

Um ihre naturwissenschaftliche Bedeutung tatsächlich würdigen zu können, gilt es, ihren Standort innerhalb der damaligen Wissenschaften zu bestimmen. Mouffets Vorarbeiten zur modernen Systematik, die sie beeinflußten, wurden bereits erwähnt. Einen weiteren Anstoß gab die Erfindung des Mikroskops. Damit konnte Malpighi die Insektenanatomie begründen, von Leeuwenhoek das Studium der Samenfäden beginnen. Maria Sibylla kannte seine Werke, setzte sich im Surinambuch mit seinen Anschauungen kritisch auseinander, z. B. mit der Frage, ob Raupen Augen haben, was sie, im Gegensatz zu ihm, richtigerweise verneinte. Ihr stand offensichtlich für ihre Forschung eines dieser frühen Mikroskope zur Verfügung. In der Einleitung zum Surinambuch nennt sie neben Mouffet vor allem Swammerdam, Blankaart, Goedaert »etc« als ihre Vorläufer, deren Werke sie las.

Andere studierten die Entwicklung einzelner Arten bis ins letzte Detail. Diese Reihe führt von ihr zu Réaumur, Charles Bonnet, August Rösel von Rosenhof. Dieser, ein seinerzeit bekannter Miniaturenmaler, lebte einige Jahrzehnte nach ihrem Tod. Nach einem Schiffbruch vor Hamburg fiel ihm dort eines ihrer Werke in die Hand. Er war so begeistert davon, daß er begann, Insekten zu malen, auch mit ihren Verwandlungen. Mangels Lateinkenntnissen stand ihm nur die deutschsprachige Literatur zur Verfügung. Seine Bilder sind wunderschön, und doch fehlt ihnen die hinreißende Lebendigkeit der Merian-Bilder. Dank eines Mikroskops konnte er auch die Anatomie darstellen, Einblicke ins Körperinnere geben, und so wirken seine Bilder auch, schön, wunderschön, aber kalt und tot.

Réaumur (1683–1756) schrieb in seinen »Memoires pour la service a L'histoire des Insects«, Aldrovandi und Mouffet forschten in einem Zeitalter, in dem kein Mensch Besseres als die Wiedererweckung der Kenntnisse der Alten, der Antike, leisten zu können glaubte. Malpighi, Swammerdam, Redi, Leeuwenhoek, Goedaert und Maria

Sibylla Merian seien die ersten, die wieder mit der Betrachtung der Natur selbst begonnen haben.

Fünfzehn Jahre, bis 1681, lebte sie in Nürnberg. 1674 gründete Sandrart dort die erste Kunstakademie, die jedoch keine Frauen aufnahm. Er förderte das Malen nach der Natur, sie hatte, obwohl bereits als Künstlerin bekannt, keinen Zutritt. So war das. Frauen standen in Wissenschaft und Kunst nicht hoch im Kurs.

Das zeigt ein Blick auf die Stellung der Frau innerhalb des Wissenschaftsbetriebs jener Zeit. Interessant ist es, zu sehen, wie Maria Sibylla sich in diesem Zirkel bewegte, wie sie Ablehnung, und noch schlimmer, das Verschweigen ihrer Forschungen vermeiden konnte.

Erinnert sei hier noch einmal an die fehlende Eigenständigkeit der Frauen außerhalb des Hauses, ihre rechtliche und wirtschaftliche Abhängigkeit von ihrem Mann, die eigene Interessen und geistige Weiterentwicklung nicht zuließen. 1622 in London, 1666 in Paris und 1700 in Berlin kam es zur Gründung von Akademien, ein entscheidender Schritt zur Entstehung neuzeitlicher Wissenschaft. Die bisherige bescheidene aktive Rolle der Frauen im kulturellen Leben war damit endgültig beendet. Von den Akademien blieben selbst die Gebildetsten ausgeschlossen. Ihr Wissensdurst muß beträchtlich gewesen sein, der Druck populärwissenschaftlicher Bücher für Damen wurde zu einem einträglichen Geschäft. Sie durften durch Mikroskope und Teleskope sehen, und nicht wenige waren fähig, Sonnen- und Mondfinsternisse zu berechnen. Wissenschaft als Zeitvertreib für Damen war also möglich, solange sie keine Ambitionen auf Ämter und Ehren hatten.

Es gab eine ganze Reihe von Frauen, die den männlichen Berühmtheiten ihrer Zeit in punkto Gelehrsamkeit und Intellekt in nichts nachstanden. Ein typisches Schicksal ist das der Emilie du Chatelet (1706–1749). Ihre über sechzehnjährige Verbindung zu Voltaire rückte sie schon zu Lebzeiten ins Rampenlicht. Mit neunzehn Jahren heiratete sie den Marquis de Chatelet, brachte zunächst, wie es erwartet wurde, drei Kinder zur Welt und wandte sich danach den Wissenschaften zu. Als Voltaire verbannt wurde, bot sie ihm Asyl an dafür, daß er ihr Zutritt zu Gelehrtenkreisen verschaffte. Er machte sie mit den führenden französischen Anhängern Newtons bekannt. Zu Voltaires »Eléments de la philosophie de Newton« lieferte sie die Mathematik, die ihm fehlte. Dann begann sie, zunächst heimlich, ihr Werk »Institution de physique«. Auch ihr blieb die Aufnahme in die Akademie verwehrt. Voltaire brachte es auf den Nenner: »Sie war ein großer Mann, dessen einziger Fehler war, eine Frau zu sein. Eine Frau, die Newton übersetzte und deutete, mit einem Wort, ein wirklich großer Mann.«

Dieses und andere Beispiele aus England und Frankreich zeigen typischerweise adlige Frauen. In Deutschland lagen die Dinge etwas anders. In den Familienbetrieben arbeiteten Frauen, wie Maria Sibylla auch, als Lehrmädchen oder als Ehefrauen, die ihren Männern zur Hand gingen, und als Erbinnen des Familienbetriebs nach dem Tod des Mannes. Doch auch hier berechtigten überragende wissenschaftliche Leistungen von Frauen nicht zur Aufnahme in Akademien oder öffentliche Ämter. Vor allem in Botanik und Astronomie leisteten Frauen Überragendes. Maria Winkelmann war die Bekannteste. Sie wurde 1670 als Tochter eines Geistlichen geboren und erhielt eine gründliche astronomische Ausbildung durch Christoph Arnold. Ihn kennen wir bereits als den Verfasser der Lobgedichte auf Maria Sibylla in ihrem Raupenbuch. In dessen Haus traf sie den führenden Astronomen Deutschlands, Gottfried Kirch. Da sie wußte, daß sie als selbständige Astronomin nie würde praktizieren dürfen, heiratete sie den dreißig Jahre älteren Kirch und wurde seine Assistentin. Beide arbeiteten für die Berliner Akademie. Er als Astronom, sie als seine inoffizielle Assistentin. 1702 entdeckte sie einen unbekannten Kometen, später die Sonnenflecken. Die Nachricht von der ersten wissenschaftlichen Leistung der noch jungen Akademie wurde dem König überbracht. Der Bericht jedoch trug den Namen ihres Mannes, auch Veröffentlichungen ihrer Entdeckung trugen seinen Namen, obwohl er unmißverständlich klar gemacht hatte, daß sie die Entdeckerin war. Der Grund, weshalb sie das zuließ, zulassen mußte, war: Sie konnte kein Latein, und Veröffentlichungen in der damals einzigen wissenschaftlichen Zeitschrift Deutschlands, den »Acta eruditorum«, waren nur in Latein möglich. Als ihr Mann 1710 starb, gab es nur wenige Kandidaten für die Nachfolge. Sie bewarb sich, hob demütig hervor, daß es ihr nur um eine Stelle als Hilfsastronom gehe. Nach anderthalb Jahren ununterbrochener Bittschriften erhielt sie die endgültige Ablehnung. Da ihr Ehemann sie mittellos zurückgelassen hatte, stand sie nun mit ihren vier Kindern vor dem Nichts. Sie wurde gezwungen, ihr Haus und die Sternwarte zu verlassen.

Über eine andere berühmte Astronomin, Maria Cunitz, urteilte man: »Über dieses hatte sie an den Astronomischen Speculationen ihr größtes Vergnügen, welchem Studio... sie sich dermassen ergeben, daß sie dabey nicht das Hauswesen in acht genommen, sondern nachdem sie von dem Nächtlichen Sternsehen ermüdet, den Tag meistens im Bette zugebracht, davon allerhand lächerliche Begebenheiten bekandt sind.«

Die angebliche Vernachlässigung häuslicher Pflichten war offensichtlich äußerst rufschädigend, und Maria Sibylla wird Sandrarts lobender Erwähnung ihrer weiblichen Pflichterfüllung dankbar gewesen sein, die sie vor solcher Kritik schützte.

Das also ist die wissenschaftliche Welt, in der Maria Sibylla aufwuchs, ihre bahnbrechenden Forschungen kunstvoll zu Papier brachte und schon zu Lebzeiten Berühmtheit erlangte.

Die Gründe für diesen unüblichen Erfolg lagen zum einen in ihrer Herkunft, zum andern in ihrer Person. Typisch für deutsche Verhältnisse jener Zeit ist ihre Abstammung aus der gildeorientierten Handwerkerzunft, die ihr im väterlichen Betrieb eine solide Ausbildung zuteil werden ließ und so ihre Begabung früh zur Entfaltung brachte. Dazu kommt, daß Botanik am ehesten als weibliche wissenschaftliche Betätigung akzeptiert wurde, dabei am wenigsten Konkurrenz zu Männern entstand und daß sie, trotz der sich selbst angeeigneten Lateinkenntnisse, nie ein öffentliches Amt anstrebte, andererseits aber ihre Forschungen in der Gelehrtensprache veröffentlichen konnte und damit zur Kenntnis genommen wurde. Mit ihrem Mann hatte sie eine kluge Wahl getroffen. Er hatte ihrer Selbständigkeit, Schaffenskraft und Kreativität nichts entgegenzusetzen und war zu schwach, um ihr, per Autorität, Steine in den Weg zu legen. Zu keiner Zeit stand sie in seinem Schatten. Bald, im weiteren Verlauf, wird sie sich ganz von ihm trennen.

Zitrone mit Harlekinbock

Die Trennung

Inzwischen, um 1679/1680, der erste Teil des Raupenbuchs war vor kurzem erschienen, arbeitet sie am »andern Teil«, dem zweiten, dieses ersten deutschen entomologischen wissenschaftlichen Werks. Sie ist jetzt 32 Jahre alt. Seit vierzehn Jahren ist sie verheiratet.

In letzter Zeit muß es zu Konflikten zwischen den beiden gekommen sein. Da keiner von beiden sich dazu je geäußert hat, sind wir auf Vermutungen angewiesen, und die wurden seit jeher angestellt. Wenn so wenig Gesichertes überliefert ist, ein Dutzend »Geschäfts«-Briefe, einige wenige persönliche Bemerkungen in den Büchern, eine fragwürdige Biographie des Stiefbruders und viel Zweifelhaftes, das 100 Jahre nach ihrem Tod geschrieben wurde, ist man versucht, die Lücken mit der eigenen Phantasie zu füllen.

Das einzige, was mit einiger Sicherheit zu erschließen ist: Die beiden waren in ihren Werten und in ihrer Weltsicht, ja in ihrer ganzen Persönlichkeit in wesentlichem sehr verschieden. Sie war bei all ihrem Können eher bescheiden, ja demütig und von einer naturnahen Frömmigkeit. Sie ging stets ihren Weg, unbeirrbar und sehr geduldig. Er aber war von geringer Kreativität und Schaffenskraft, von ihrer Tüchtigkeit abhängig, dabei unbeständig, oberflächlich, sinnenfreudiger.

Durch ihre vielfältige Tätigkeit konnte sie inzwischen sich und die Töchter selbst versorgen. Seltsam allenfalls, daß kurz zuvor, 1678, noch die zweite Tochter geboren wurde. Hatten sie versucht, die Risse der Ehe noch einmal zu kitten? Über ihre privaten, gemeinsamen Sorgen gibt es kein Wort von ihnen, nur vornehme Verschwiegenheit.

Am 11. November 1681 stirbt ihr Stiefvater, Morell. Er soll Schulden hinterlassen haben, die auch durch den Verkauf der 320 vorhandenen Bilder aus seinem Bilderhandel nicht zu decken gewesen seien. Wenn, dann lag das weniger an seinem kaufmännischen Ungeschick, wie Maria Sibyllas Stiefbruder, Matthäus, behauptete, als an den verworrenen Verhältnissen des holländischen Kunsthandels jener Zeit. Bilder hingen nicht nur in den Häusern der Reichen, sie hingen überall, in Läden, in Kneipen, zwischen Marktbuden, Trödel, Gerümpel, Gemüsen und Fischen. Bilder gab es im Überfluß. So verkaufte ein Isaac von Ostade, von finanziellen Sorgen bedrückt, einem halsabschneiderischen Kaufmann dreizehn Bilder für den lächerlichen Preis von 27 Gulden. Vielen Künstlern erging es nicht besser. Neben der Kunst malten sie Wirtshausschilder, Stadt- und Zunftwappen, waren Köche, Kneipenbesitzer, handelten mit Kunstwerken oder Tulpen. Zwei Mitglieder der Sankt Lukas Gilde, der auch Morell angehörte, begingen wegen finanzieller Sorgen Selbstmord, die berühmten Maler Frans Hals und Ruysdael starben im Obdachlosenheim.

Die Mutter gerät in Not, teilt der mißgünstige Bruder Matthäus d.J. mit. Die Stiefmutter habe »mit ihm (Morell) das gute Geld verzehrt, also daß sie nach seinem Tod das Gnadenbrot bei ihrer Tochter essen mußt.« Als müßte er sich vor sich selbst von etwas reinwaschen, vielleicht von seinem Geiz, auch vom Verdacht, ihre Not hätte etwas mit seiner schnöden Knausrigkeit zu tun. Welches gute Geld meint er da? Das, was sie geerbt hatte von ihrem ersten Mann, Matthäus d.Ä.? Das lag immerhin fast 30 Jahre zurück. Es klingt, als werfe er ihr Verschwendung vor, ihr, die in Gelddingen »wohlversiert war«. Bei dieser Art von geschwisterlicher Beziehung wird verständlich, weshalb nicht eines ihrer Bücher in seinem, dem Merian-Verlag, erschien.

Um die Mutter bei einem Erbstreit zu unterstützen – Morell hatte seiner Witwe und den Ehemännern seiner Tochter Sara und seiner Stieftochter Maria Sibylla, Graff, alles vermacht, er kann also nicht nur Schulden hinterlassen haben –, bricht Maria Sibylla nun alle ihre Unternehmen in Nürnberg ab und reist nach Frankfurt. Diese Hingabe und Hilfsbereitschaft gegenüber der Mutter spricht für die gute Beziehung zwischen den beiden, denn zum einen verstärkte die Trennung die Entfremdung zu Graff, zum anderen mußte sie in ihren eigenen Interessen zurückstecken. So schlimm, wie sie bei Matthäus d.J. und, ihm folgend, in der Literatur wegkommt, kann die Mutter nicht gewesen sein.

Wieder alles in Kisten und Truhen packen, Bücher, Sammlungskästen, Kupferplatten, Farbtöpfe, Pergamente und die beiden Töchter mit dabei auf der gefährlichen und beschwerlichen Reise. Vielleicht beschloß sie erst in Frankfurt, nicht mehr nach Nürnberg zurückzukehren, denn jetzt folgte Graff ihr nach.

Sie verkauft auch in Frankfurt wieder ihre Präparate aus ihren reichhaltigen Vorräten an Sammler, »denn da ich nach meiner Gewohnheit sehr viel Sommer- und Mottenvögel, in einer Schachtel mit Heftlein oder Nadeln angestochen, aufbewahrt hielt, dem begierigen Liebhaber, so er das rechte Leben noch zu sehen verlangte, solche vorzuweisen«. Sie beliefert die Freundinnen in Nürnberg weiter mit Farben, koloriert und verkauft bestellte Bücher.

Unbeirrbar verfolgt sie ihre Ziele, unbeeinflußt von den schwierigen Umständen. 1683 erscheint der zweite Teil des Raupenbuchs, noch einmal von Graff in Frankfurt verlegt. Zwei bis drei Jahre lebten sie in Frankfurt noch zusammen. In einem Brief aus demselben Jahr an ihre Freundin und Schülerin Clara Imhoff richtet sie noch Grüße ihres Gatten aus. Dann, 1685, wieder in einem Brief an Clara Imhoff, schreibt sie, daß ihr Mann »meiner hochwerten Jungfer wie auch allen den lieben Ihrigen aufwarten (wird), und bitte ich, wann er einen guten Rat vonnöten hat, Sie seine wenige Person sich lassen recommandiert sein, da er wohl guten Rat wird vonnöten haben«, und kündigt damit seine Rückkehr nach Nürnberg an. Sie sorgt sich also, selbst nach ihrer Trennung noch, um ihn und legt ihn ihren Freundinnen ans Herz. Welchen guten Rat kann er gebraucht haben? Am ehesten wohl in Haushaltsdingen, denn nun mußte er alleine wirtschaften.

Die beiden scheinen sich die Trennung nicht leichtgemacht zu haben. Der Entschluß zu dem damals vor allem für Frauen höchst ungewöhnlichen Schritt war nach reiflicher Überlegung erfolgt. Sie mußte da ihren ganzen Mut zusammennehmen, galt doch die Trennung vom Mann als anstößig, und man urteilte zugunsten des Mannes, während die Frauen mit finanziellen und sozialen Sanktionen bestraft wurden. Leicht wird es also für sie nicht gewesen sein, auch wenn sie, dank ihrer Selbständigkeit und Tüchtigkeit, finanziell nicht von ihm abhängig war. Ein Skandal war es allemal. War dies der Grund dafür, daß der Briefwechsel mit der Patrizierfamilie Imhoff für lange Zeit abbrach?

1685 zog sie mit ihrer Mutter und ihren beiden Töchtern nach Schloß Waltha bei Wieuward in Westfriesland, zu ihrem Stiefbruder Caspar, der schon länger in Holland tätig war. 50 Stunden Reisedauer standen ihr bevor. Mindestens eine ganze Woche. In einer Kutsche? Oder zum großen Teil auf dem Rhein, in einem Kahn? Schade, daß sie kein Tagebuch geführt hat. Wie wenig über ihr nichtberufliches Leben sie hinterlassen hat. Wieviel Interessantes wissen wir deshalb nicht.

Von Caspar wird sie gewußt haben, was sie erwartete. Er hatte immer wieder in Holland gelebt, für Morell dort gearbeitet und sich 1677 der Labadistensekte angeschlossen. Das hatte Einfluß bis in seine Kunst. Statt Krönungsfeierlichkeiten und Städtebilder fertigte er nun satirische Buchillustrationen, wie z. B. zu Sebastian Brants »Narrenschiff«.

Holland, wie war das damals? Wie sah ihre neue Heimat aus? Was erwartete sie dort?

Holland ist ein kleines, von der Natur stiefmütterlich bedachtes Land. Der Ertrag seines Getreideanbaus reicht nicht aus, um auch nur den hundertsten Teil seiner Einwohner zu ernähren, ja nicht einmal um seine Hähne und Hühner durchzufüttern, spottet Defoe. Und dennoch sieht man reiche Landleute, in Schwarz gekleidet, deren Weiber mit Silber behangen sind und an allen Fingern Goldringe stecken haben.

Da das Getreide ohnehin zur Hälfte importiert werden mußte, bauten die Landleute bald Lohnenderes an. Flachs, Hanf, Raps, Hopfen, Tabak, vor allem Farbpflanzen, Färbemittel. Englische Tuche, die weiß geliefert wurden, färbte man hier ein und verkaufte sie dann zum doppelten Preis weiter.

Viele suchen hier Zuflucht vor Kriegen und Religionsverfolgung. Die toleranten Niederlande waren ein Rettungsboot für Verfolgte. Hier können alle Völker der Welt Gott nach ihrem Herzen dienen, und obwohl hier die reformierte Kirche dominiert, ist es jedem freigestellt, seiner Überzeugung und seinem Bekenntnis gemäß zu leben, wird 1705 berichtet. Was die Verstädterung und die Überbevölkerung anging, hielt Holland den europäischen Rekord. Ein Reisender berichtet, man stößt zwischen den zwei oder drei Wegstunden voneinander entfernten Städten auf solche Menschenmengen, daß es in den Straßen Roms nicht so viele Kutschen gibt wie hier zweirädrige Wagen voller Reisender. Und dazu wimmelt es auf den das Land nach allen Richtungen durchquerenden Kanälen von Booten.

Hier in Holland erlebt sie die einschneidendste Veränderung ihres Lebens und ihrer Person, ihre eigene Metamorphose, beginnend mit dem Rückzug in die Sekte der Labadisten.

Holland und die Labadisten

Eine der vielen damaligen Glaubensrichtungen waren die Labadisten. Die Lichtkinder, wie sie sich nannten, wohnten auf Schloß Waltha – es wurde 1933 abgerissen –, das Cornelis van Aerssen von Sommeldijk, Gouverneur in Surinam, gehörte. Der Besitzer stand unter dem Einfluß seiner drei Schwestern, die der Sekte angehörten. Eine von ihnen war mit Labadies Nachfolger Yvon verheiratet.

Vor ihrem Umzug dorthin erneuerte Maria Sibylla noch ihr Frankfurter Bürgerrecht, hatte also vor, zurückzukehren. Vielleicht wollte sie zunächst nur zur Ruhe kommen, in der Distanz ihr weiteres Leben überdenken, Klarheit schaffen. Der Ort war hierfür gut gewählt.

Hier ist es notwendig, ausführlicher auf die Labadisten einzugehen. Einmal um zu sehen, in welchem geistig-religiösen Umfeld Maria Sibylla aufgewachsen und geprägt worden war, aber auch, um kein falsches Bild dieser Sekte und ihres Gründers entstehen zu lassen, das auch sie in ein falsches Licht rücken würde. Der Begriff Sekte hatte damals eine andere Bedeutung als heute. Darüber hinaus wird es einige Facetten ihrer Persönlichkeit erhellen.

Vielfältig sind die Verbindungen, an denen sie Anteil hatte und die sie schließlich hierher geführt hatten. Sie hatte bereits in Frankfurt über ihre Mutter, deren Bruder selbst ein radikaler protestantischer Prediger war, Anschluß an Speners Kreis gehabt, der wiederum mit Schütz in enger Verbindung stand. Dann war da die schon beschriebene Verbindung zu C. Arnold, bereits in Nürnberg, der den Pietisten angehörte, mit Schütz Kontakt hatte, wobei wir dort unerwartet auch den wenig verinnerlichten Graff, eher als Mitläufer, angetroffen haben.

Nun also die Labadisten. Deren Gründer Jean de Labadie, 1610–1674, Verfasser zahlreicher Schriften, gibt in den Biographien Maria Sibyllas eine fragwürdige, zwielichtige Figur ab, war jedoch ein bedeutender Mann. In Frankreich hatte er derartiges Aufsehen erregt, daß er von John Milton einen Ruf nach Westminster erhalten hatte, auf der Reise dorthin aber in Genf geblieben war, wo man ihm eine Predigerstelle anbot. Dort, unter gewaltigem Zulauf des Volkes, predigte er gegen Üppigkeit und Unsitten im gesellschaftlichen Leben, gegen Tanz, Glücksspiele und Kleiderluxus. Das Volk sah in ihm einen zweiten Calvin.

Die Hauptfigur des deutschen Pietismus, Spener, war Seniorrat in Frankfurt, daß heißt, er hatte die erste geistliche Stelle einer der einflußreichsten protestantischen Städte inne. Er übersetzte 1667 eine Schrift Labadies, »Kurzer Unterricht von andächtiger Betrachtung«, aus dem Französischen, das er in Labadies Kreis in Genf gelernt hatte, und ließ sie in Frankfurt drucken. Darin lehrte Labadie, die Kirche in ihrem gegenwärtigen Zustand sei verderbt, eine Reformation nach dem Ideal des Urchristentums (Besitzlosigkeit bzw. Gemeinschaftsbesitz, Wiedergeburtslehre, Gleichberechtigung von Mann und Frau) sei vonnöten, ein Gedanke, der durch Spener im Pietismus wirksam geworden ist. Dies auch in Reaktion auf den Dreißigjährigen Krieg, der ja ein Religionskrieg gewesen war und der durch seine Greuel in vielen Menschen Zweifel an der Religion geweckt hatte. Labadie lehrte mystisch-meditative Übungen zur Selbsterforschung, gab aber keine dogmatischen Anweisungen, keine Drohungen vor ewiger Verdammnis, nur einfühlsame Ratschläge.

Eine weitere Verbindung Maria Sibyllas zu Labadie, Spener und Schütz gab es durch Gottschalk van Schurman, den Bruder der berühmten Anna Maria Schurman. Maria Sibyllas Stiefvater Morell hatte Verbindung zu ihr über die Sankt-Lucas-Gilde, der beide angehörten. Gottschalk van Schurman war es, der Labadie schließlich nach Holland berief. Anna Maria Schurman (1607–1678) wurde wegen ihrer umfassenden Kenntnisse auf vielen Wissensgebieten Stern von Utrecht genannt und war eine vertraute Freundin Labadies gewesen. Sie sprach Latein, Griechisch, Hebräisch und Arabisch, beschäftigte sich mit Botanik, Anatomie und Theologie, war Dichterin und Künstlerin. Sie war eine der Frauen, die ausnahmsweise Zugang zur Universität hatten, wenn sie auch den Vorlesungen hinter einem Vorhang, vor den Männern verborgen, zuhören mußte. Ihr Ruf war so legendär, daß Königin Christine von Schweden sie auf einer geheimgehaltenen Reise besucht haben soll. Die Schurman hatte mit Johann Jakob Schütz von 1674 bis 1678 in lebhaftem Briefwechsel in lateinischer Sprache gestanden. Zehn dieser Briefe mit einem Selbstbildnis befinden sich in der Universitätsbibliothek Basel.

Schütz war durch das Buch »Eukleia« der siebzigjährigen Schurman auf sie gestoßen, ein Werk, das als religiöses Selbstbekenntnis für alle Zeiten eine Perle christlicher Schriftstellerei darstellt, in wunderbar klarem, flüssigem Latein, wie man es im 17. Jahrhundert kein zweites Mal findet.

Die Schriften von Labadie und Yvon waren auf den Frankfurter Buchmessen leicht zu erwerben, wie die Schurman in einem Brief an Schütz mitteilt. Auch die Zeitungen, die vor allem zur Buchmesse in Frankfurt erschienen, waren voller Nachrichten über die Sekte.

Vielleicht war Spener der erste, vielleicht ihr Bruder Caspar, der der ratlosen Frau in ihrer auch finanziellen Not die Labadisten als Ausweg wies. Das Gedankengut solcher pietistischen Gemeinden war ihr jedenfalls von klein an vertraut.

1672 wurde eine Schrift Labadies ins Deutsche übersetzt, das »Traktätlein von der Selbstverläugnung oder von dem Selbst und dessen mancherley Arten«. Darin lehrt er, wie das egoistische Selbst zu überwinden sei, um mit einer geläuterten Seele neu geboren zu werden.

Da zu den Werten der Labadisten wie auch anderer frühpietistischer Gemeinschaften die Gleichberechtigung von Mann und Frau zählte, fanden selbständig denkende, unabhängige Frauen dort eine Oase für ihre Kunst oder Forschung inmitten einer Wüste männlicher Gelehrsamkeit, von der sie ansonsten ausgeschlossen waren.

Vielfältige Einflüsse und Verbindungen also, die Maria Sibylla nicht nur künstlerisch, sondern auch in ihrer Weltanschauung von früh an geprägt hatten und denen sie die Verknüpfung ihrer Naturverehrung mit Forscherdrang und Frömmigkeit, die in ihren Texten allerorten spürbar ist, zu verdanken hatte.

Etwas über ihren Charakter erfahren wir durch die Aufnahmebedingungen, die für Waltha galten und die durch Schütz 1675 veröffentlicht wurden. Kurz zusammengefaßt läuft dieser Bericht auf eine genaue Beschreibung von dreierlei Arten von Menschen hinaus, mit denen – abgesehen von den Weltmenschen, mit welchen man nur hinsichtlich des bürgerlichen Lebens Umgang hatte – die Labadisten Gemeinschaft hielten. Erstens die eigentlichen Glieder der Hausgemeinde, die sich als wirklich in der Wiedergeburt stehend erweisen. Das im ersten Raupenbuch abgedruckte Lied deutet auf verwandtes religiöses Erleben:

> *... wie die Raupen sich verwandeln,*
> *die durch ihre Sterblichkeit*
> *wiederum lebendig werden,*
> *gleich den Toten, auf der Erden.*

Des weiteren sollten die Mitglieder sich in völliger Selbstverleugnung üben, auch auf ihren Besitz zugunsten der Gemeinschaft verzichten. Es bedurfte sehr sorgfältiger und gründlicher Prüfungen, hier zugelassen zu werden. Zweitens werden solche genannt, die bereits deutliche Zeichen der Gnade erkennen lassen, in denen aber noch der Geist wider das Fleisch streitet, und die durch Übungen erst auf den Weg des völligen Absterbens ihrer selbst geführt werden müssen. Drittens diejenigen, die mit gutem Willen kommen, erbaut und unterrichtet zu werden, doch werden sie zu den geistlichen Übungen der Hausgemeinde nicht zugelassen. Maria Sibylla kann in Anbetracht der strengen Prüfungen also nicht nur um eines äußeren Rückzugs, der Trennung von Graff oder einer realen Notlage willen, dort Zuflucht gesucht haben. Sie muß den charakterlichen Vorstellungen der Labadisten entsprochen haben und gehörte wohl zum ersten, innersten Kreis.

Ihr Geist scheint nicht mehr mit dem Fleisch gestritten zu haben, auch konnte sie nicht mehr an irdischem Besitz hängen. In einem Brief an den Frankfurter Rat, 1690, teilt

Pampelmuse mit Uraniafalter

sie mit, daß sie über keinerlei Besitz verfüge, sondern alles Graff gehöre.

Sich von etwas zu lösen, hatte sie von früh an, zum ersten Mal beim Tod des Vaters und ihrer Geschwister, lernen müssen. Gott, seine Natur und die Kunst, diese darzustellen, waren ihre Sublimierung für den Verzicht.

Sie mußte ihr Hab und Gut, ihre Kupferplatten und Bilder abgeben, sich lösen von modischer Kleidung und Schmuck, aber auch von Stolz und Ruhm. Die Hierarchie in Waltha war eine spirituelle.

Etwa 350 Holländer, Franzosen und Deutsche lebten und arbeiteten hier gemeinsam, versorgten sich selbst, betrieben eine Schmiede, Gerberei, Seilerei, brauten Bier, betrieben Landwirtschaft sowie eine Tuchweberei für den eigenen Handel. Labadie war im Februar 1674 gestorben, zu Maria Sibyllas Zeit dort lebte auch die Schurman nicht mehr, jetzt führte die Gruppe Pierre Yvon.

Ein Jahr nach der Übersiedlung der vier Merianfrauen nach Waltha starb ihr Lieblingsbruder Caspar. Andreas Graff hörte in Frankfurt davon. Im Wunschdenken, Caspar wäre der Anstifter der Flucht seiner Frau nach Waltha gewesen, hoffte er nun, sie zurückgewinnen zu können und machte sich auf die fünfzigstündige Reise.

Die Hinreise, rheinabwärts, lasse ich ihn ein Stück auf dem Fluß zurücklegen. Obwohl der Rhein sein Bett vielfach mäandrierend immer noch jedes Frühjahr nach der Schneeschmelze ändert, dürfte er so etwas schneller vorangekommen sein. Die Rückreise aber dann per Kutsche oder Karren. Gegen die Strömung müssen die Kähne von Pferden gezogen werden. Ab Mainz die Fahrt auf dem Rhein. Mit Segeln oder Rudern. Auf beiden Seiten ausgedehnte, menschenleere Waldgebiete. Wege nur, keine Hauptstraßen. Dazwischen Wild, Hirsche, Rehe, Sauen und in Stadtnähe viel Vieh. Reiherkolonien in den Baumwipfeln. Ab Bingen steile felsige Berge mit ungezählten Burgen und Festungen. Eine Besonderheit die Kaub, mitten im Fluß, auch die Stromschnellen zwischen Oberwesel und St. Goar. Über Lahnstein nach Koblenz. Dort die starke, uneinnehmbare Festung. Gesprächsstoff für Reisende. Am letzten Rheinabschnitt fallen Galgen und Räder auf, am Ufer entlang aufgereiht, so dicht wie nirgendwo sonst. Hinweise auf Raubgesindel, Überfälle auf Reisende. Auf manche Räder sind zur Abschreckung die verwesenden Körper der Hingerichteten geflochten. In Holland sei es noch schlimmer, so wurde von Mitreisenden berichtet. Man hatte die Straßenpolizei verstärken müssen, besonders in waldreichen Gegenden. Auf frischer Tat ertappte Räuber richtete man an Ort und Stelle hin, im Handumdrehen und ohne Gerichtsverfahren. Auf einer Strecke von 20 Kilometern am Rhein entlang hatte einer unglaubliche 50 Galgen gezählt. Der gute Graff, Mut zählte nicht zu seinen Tugenden, wird's mit Schaudern gehört haben. Dann kam man nach Köln. Die hohen, starken Stadtmauern, Kirchtürme, so viele wie Tage im Jahr, hieß es. Hier übernachtet man.

Der letzte Abschnitt führt durch flaches Land, über Kanäle. Schmale Wasserwege durchteilen die Äcker und Felder, breite, pappelgesäumte dienen als Schiffahrtswege, darauf herrscht lebhafter Verkehr. Menschenmassen sind unterwegs zwischen den Marktflecken, ganz Holland scheint auf den Beinen. Dann wieder menschenleere Strecken, gelbe Schwertlilien, Bläßhühner und Wildenten in Ufernähe.

Da sieht er Waltha auftauchen, wird darauf hingewiesen vom Schiffer. Das große Schloß, die angrenzenden Gebäude, Werkstätten? Wiesen, Felder, Gärten, umschlossen vom quadratischen, schiffbaren Wassergraben. Sie gleiten vorbei an Windmühlen. Jetzt biegen sie ein in die Auffahrt, er hört metallischen Lärm, eine Schmiede? Eine lange, breite Allee führt zu einem großen Eingangsportal, ein Giebel auf zwei mächtigen Säulen, dahinter das Hauptgebäude, das Schloß, vor dem sie jetzt anlegen. Ein Kran zum Entladen. Er braucht ihn nicht, hat nur wenig Gepäck dabei. Erschöpft und mit äußerst gemischten Gefühlen kommt er bei Sonnenuntergang an. Wie wird der Empfang, die Begrüßung ausfallen, nach so langer Zeit?

Wie Petrus Dittelbach mitteilt, scheint ihm seine Frau mit unnachgiebiger Bestimmtheit begegnet zu sein, während er vor ihr auf den Knien lag, und darum bat, mit ihr und den Kindern leben zu dürfen. Dittelbach berichtet weiter, er habe sich, 1 Korinther 7 zitierend, »die Frau trenne sich nicht von ihrem Mann, denn auch der ungläubige Mann ist durch seine Frau geheiligt«, gegen die Trennug ausgesprochen, doch vergeblich. Sie antwortete ihm, Yvon habe eine andere Interpretation des Textes. Yvon hatte in einer Schrift die Ansicht vertreten, eine Ehe habe nur Bestand durch heilige Zurückhaltung hinsichtlich der geschlechtlichen Vereinigung zwischen Gläubigen. Lagen hier die Gründe für das Zerwürfnis?

Graff wurde, wie bei Ungläubigen üblich, nicht eingelassen, scheint einige Zeit außerhalb mit Arbeiten verbracht zu haben und mußte dann unverrichteter Dinge zurückkehren, obwohl er sogar bereit gewesen sein soll, in die Sekte einzutreten. Damit wird er es ihr nicht leichter gemacht haben, ihn zu achten.

Nachdem, wie Dittelbach berichtet, auch die Töchter sich geweigert hatten, ihren Vater zu sehen, reiste er niedergeschlagen wieder ab, zurück nach Nürnberg. Über dieses Drama haben sich weder Maria Sibylla noch ihr

Mann je geäußert. Auch über die Motive der beiden Töchter ist nichts bekannt. Hatten sie persönliche Gründe? Standen sie so sehr unter dem Einfluß der Sekte? Dies zumindest kann für Maria Sibylla nicht gegolten haben. Wie wir sehen werden, hatte sie auch der Sekte gegenüber ihre eigene, unabhängige Haltung bewahrt. Erstaunlich bleibt ihre, ihr sonst so fremde, Unerbittlichkeit Graff gegenüber.

Die Trennung war endgültig. In einem Brief an den Nürnberger Rat schrieb er, seine Frau habe ihn verlassen, um bei den Labadisten zu leben, während Maria Sibylla in ihrem Brief an den Rat der Stadt Frankfurt es anders darstellte: er habe sich von ihr getrennt und lebe »in Unrichtigkeit« mit ihr. Schutz und Trost fand die nun Alleinstehende in der »heiligen Familie« Pater Yvons, die, wie eine Sommelsdijk-Schwester es ausdrückte, in Liebe zusammenlebte, mit einer Seele und mit einem Geist.

Von da an führte sie wieder ausschließlich ihren Mädchennamen. Die Töchter behielten den Namen des Vaters. Sogar ihre Namensangabe im ersten Teil des Raupenbuchs, in die Enden der Maulbeerzweige graviert, ändert sie 1713. An Resten läßt sich erkennen, daß in der alten Platte die Worte »Gräffin geb.« getilgt wurden.

Daraus wurden immer wieder Schlüsse gezogen, die auf biographische Notizen Uffenbachs über seinen Besuch bei ihr zurückgehen: »Sie ist erstlich an einen Perspectiv-Mahler zu Nürnberg verheuratet gewesen, da es ihr aber übel und kümmerlich gegangen«. Sie scheint ihm von den Eheproblemen berichtet zu haben. Dann fährt er fort: »Nachdem sie zehen Jahr in Nürnberg gewohnt, und ihr Mann gestorben, ist sie in Holland gegangen«. Hier war er schlecht informiert. Nachrichten waren in Zeiten der langen Reisen eher Gerüchte.

Ihr Entschluß zur endgültigen Trennung dürfte erst während ihres Aufenthalts in Waltha ausgereift sein. Sie ist nicht dorthin gezogen, wie vermutet wurde, weil ihre Ehe mit dem ungläubigen Graff dort als ungültig galt. Die Erneuerung ihres Frankfurter Bürgerrechts vor ihrer Abreise nach Westfriesland zeigt, daß sie damals noch eine Heimkehr einplante, zumindest offenließ.

Doch diese Lebensphase ging nun zu Ende. Rücker veröffentlichte 1967 den Erlaß des Rates der Stadt Frankfurt vom 12. August 1692, in dem es heißt, daß Graff von seinem nun über sieben Jahr von ihm zu den Labadisten entwichenen Weib »absque strepitu iudicii totaliter« möchte geschieden werden. Das Gesuch wurde abgewiesen. Die Ehescheidung muß dann doch vor 1694 erfolgt sein, denn in diesem Jahr heiratete Graff zum zweiten Male.

Für sie war diese Zeit eine schöpferische Pause, eine notwendige Zeit der innerlichen Verpuppung, in der sich die Metamorphose zu ihrer größten Lebensleistung vorbereitete, so schreibt Deckert. Sie gab ihren Töchtern eine fundierte künstlerische Ausbildung, lernte Holländisch, vertiefte ihre Lateinkenntnisse, sammelte und züchtete auch weiterhin Raupen und nützte die Sammlung exotischer Falter und die Bibliothek des Herrn Aerssen von Sommelsdijk.

Der Aufenthalt in der Sekte forderte einiges von ihr. Räumlich war sie zeitweise von den Kindern getrennt, die in einem gesonderten Haus aufgezogen wurden. Sicher war ihr Aufenthalt – und die Trennung von Graff – keine »besondere Caprice«, wie Johann Gabriel Doppelmayer 1730 schrieb. Kapriziös war sie bestimmt nicht. Sie handelte immer nach reiflicher Überlegung und nicht aus einer Laune heraus.

Die Trennung vom Mann, die Übersiedlung nach Schloß Waltha, das Leben dort, bedeuteten einen gewaltigen Einschnitt in ihr Leben. Sie scheint Bilanz gezogen zu haben, Bilanz über ihr Leben, Bilanz aber auch über ihre Forschung. Sie begann das Bisherige kritisch zu überprüfen und neu zu ordnen. In den 25 Jahren ihres Schaffens hatte sich eine immense Materialfülle von Aquarellen, Stichen und Notizen angesammelt, die für das Blumenbuch und die zwei Raupenbücher verwendet worden waren. Ergebnis dieses Ordnens ist das »Leningrader Studienbuch«. Sie schuf sich damit einen Grundstock an Vorlagen, der es ihr erlaubte, bei Aufträgen oder eigenen neuen Projekten schnellstmöglich Geeignetes und Zusammengehöriges herauszusuchen und neu zu komponieren.

Aquarelle mit Insekten von 1686 und Blumen von 1688/1690 aus der Waltha-Zeit sind bekannt. Auch könnten die in die 80er und 90er Jahre datierten 35 von ihr nirgends veröffentlichten Blätter hier entstanden sein. Sie befinden sich heute in Petersburg. Es sind sehr genau ausgeführte Kräuter- und Pflanzenbilder, die Vorarbeiten zu einem geplanten Kräuterbuch darstellen könnten.

Bisher galt ihre dortige Zeit als schaffensleer. Die Lücke zwischen 1686 und 1690 ist damit geschlossen. Mit Hilfe des Studienbuchs, das ja ein Vorlagenbuch für spätere Arbeiten war, läßt sich auch nachweisen, ob ihr zugeschriebene, fragliche Bilder von ihr geschaffen wurden oder nicht, und es lassen sich andere ihr zuweisen, deren Herkunft fraglich war.

Für ihre Arbeit hatte sie in Waltha nur sehr begrenzte Möglichkeiten. Außer ihre früheren Arbeiten zu ordnen und hin und wieder ein Aquarell zu malen, blieb ihr hier nicht viel. Yvon hatte für die Labadisten Bücher, die inspiriert waren vom Geist der Welt, also alle nichtreligiösen, verboten. Treue Anhänger hielten sich daran, z. B. die Schurman mit ihrem Werk »Eukleia«, einem rein spirituellen Buch. Ihre vielfältigen Arbeiten auf verschiedensten Gebieten hatte sie aufgegeben. Swammerdam hatte seine wissenschaftlichen Notizen über die Seidenraupe vernichtet und seine Zeichnungen und Drucke an Malpighi verschenkt.

Anders Maria Sibylla. Sie hielt sich auch hier bedeckt. Das Studienbuch beginnt zwar mit dem Ausruf »Mit Gott!«, der weitere Text aber ist ein wissenschaftliches Tagebuch ohne die für die Labadisten üblichen Selbstenthüllungen. Wie auch hätte sie hier weiterarbeiten sollen? Es gab nur eine für ihre Stiche nicht geeignete Druckpresse, die dem Druck moralisch belehrender Werke vorbehalten war.

Und woher das Geld nehmen für teure Kupferplatten? Sie besaß ja nichts mehr. Überdies sollte der Austausch mit der Außenwelt auf religiöse Themen beschränkt bleiben. Korrespondenz mit Gelehrten war nicht gern gesehen. Kaum vorstellbar ist auch, daß sie ihren Töchtern diese Art Leben auf die Dauer hätte zumuten wollen. Zur Erziehung durch die Labadisten gehörten öffentlicher Tadel und Strafen, das Lesen »schlechter Bücher« war untersagt. Wozu hätte sie ihren Töchtern die Kunst des Malens beigebracht, die hier verpönt war?

So nutzte sie die Zeit auf Waltha für sich, so gut es möglich war, und behielt auch hier ihre innersten Gedanken für sich. Das erinnert an ihre frühen Jahre: das heimliche Atelier auf dem Dachboden, um den mißtrauischen Augen der Mutter zu entgehen, dabei aber respektvoll ihren Pflichten nachkommend. Ein früh ausgebildeter, ihr Leben durchziehender Charakterzug, der ihr unter allen äußeren Bedingungen erlaubte, ihren Wesenskern, ihr inneres Leben zu wahren und ihre eigenen Pläne zu verfolgen.

Sie hatte von den Labadisten aber auch keine Verbote ihrer Unternehmungen, z. B. des Insektensammelns in der Umgebung, zu befürchten, so lange sie ihren Pflichten gegenüber der Gemeinschaft nachkam. Nach Labadies Ansicht waren Pflanzen und Insekten nicht nur Ausdruck von Gottes Schöpfung, sie waren Beispiele für das »unschuldige Selbst«. Das und ihre eigene Frömmigkeit hinderte sie nicht, ihre Forschungen in Walthas Umgebung auszudehnen auf Frösche, die sie zerlegte, um ihre Fortpflanzung zu studieren, so wie sie die Beispiele für das unschuldige Selbst schon immer auf Nadeln aufgespießt hatte. Wie immer blieb sie auch hier loyal. So wie gegenüber Graff gibt es auch gegenüber der Sekte keine persönliche Mitteilung, keine Wertung, keine Anerkennung, auch keine Kritik.

Es war eine Zeit verborgenen Wachstums, eine Zeit des Lernens für sie gewesen. Ein Reifen zum übernatürlichen Selbst der Labadisten war es sicher nicht. In dem in Waltha angelegten Studienbuch findet sich keine religiöse Schwärmerei mehr wie noch in den Raupenbüchern. Maria Sibylla war nicht festzulegen auf irgend etwas außer ihrer selbst.

Wesentlich für ihre weitere Entwicklung waren die Sammlungsobjekte, die sie zu sehen bekam: Schmetterlinge, Käfer, aber auch Schlangen, Eidechsen und Muscheln, die heimkehrende Missionare aus Surinam, der holländischen Kolonie in Südamerika, mitbrachten.

Auch die Labadisten hatten Sendboten nach Surinam geschickt, und die ersten Rückkehrer brachten herrliche, hierzulande noch unbekannte Schmetterlinge mit und berichteten Faszinierendes über Fauna und Flora des subtropischen Landes. Ein neues Forschungsgebiet tat sich in unendlicher Vielfalt vor ihr auf. Ein großer Plan reifte. Doch begann in der Labadistengemeinde auf Schloß Waltha der Gemeinschaftsgeist zu bröckeln, als eine zweite Gruppe ihrer Missionare unter der Führung Jasper Dankers, die ohne jede Tropenerfahrung aufgebrochen war, gescheitert zurückkehrte. Als Yvon deshalb hart durchgriff, untergrub er damit seine eigene Autorität. Dazu kamen Geldnöte, die gemeinsame Kassenführung wurde aufgegeben, jeder sorgte wieder für sich selbst. 1688 wurde der Gouverneur in Surinam, Sommelsdijk, der Schloßbesitzer, bei einem Aufstand getötet. Das alles führte zur Auflösung der Gemeinschaft.

Maria Sibylla wollte ihrer altersschwachen Mutter kein neues Asyl mehr zumuten und blieb noch bis nach deren Tod, 1690, auf Waltha. Jetzt schien sie über ihren weiteren Weg Klarheit zu haben, denn sie kündigte ihr Frankfurter Bürgerrecht auf. Nachdem sie ihren gesamten Besitz, Studienmaterial samt Kupferplatten früherer Werke und ihr bescheidenes Vermögen zurückerhalten hatte, zog sie 1691, inzwischen 44 Jahre alt, mit den Töchtern nach Amsterdam, von der Abgeschlossenheit Walthas in das Gewimmel der Großstadt.

Ihre Tochter Johanna Helena hatte noch auf Waltha den Kaufmann Jacob Hendrik Herolt kennengelernt, und nun heirateten die beiden. Herolt muß ein verwandter Geist gewesen sein. Die Idee des Gemeinschaftsbesitzes gab er auf und stürzte sich in den gewinnbringenden Handel mit Westindien.

Äußerst sinnvoll fügte sich in ihrem Leben immer eins zum andern. Neue Verbindungen und damit neue Chancen taten sich nun auf.

Amsterdam, Mittelpunkt der Welt

Amsterdam. Wie sah damals die Stadt aus? Wie das Leben in ihrer neuen Heimat?

Zu ihrem maßlosen Erstaunen müssen die Zeitgenossen fast schlagartig die Größe Hollands zur Kenntnis nehmen. Kein Mensch begreift das plötzliche Glück, den schwindelerregenden Aufschwung, die unerwartete Macht eines so kleinen, in gewisser Hinsicht ganz neuen Landes: die Vereinigten Niederlande. An deren Spitze: Amsterdam.

Dieser Aufschwung lockt viele Fremde ins Land, die wiederum zur Mehrung des Reichtums beitragen. Das Hauptkontingent der Einwanderer kam aus Deutschland, die »Hollandgänger«, Tagelöhner, arme Teufel, für Armee, Flotte, Kolonien oder Feldarbeiten eingesetzt. Nach dem Edikt von Nantes, 1685, brachte der Zustrom protestantischer Flüchtlinge aus Frankreich neue Impulse.

Von der Iberischen Halbinsel kam eine Flüchtlingswelle von Juden, darunter viele Kaufleute mit beträchtlichem Kapital, die zum Reichtum Hollands beitrugen. Sie halfen beim Aufbau von Geschäftsbeziehungen mit dem Mittelmeerraum und der neuen Welt. Die Bevölkerung Amsterdams stieg von 50 000 Einwohnern im Jahr 1600 sprunghaft auf 200 000 Einwohner im Jahr 1700, ein Völker- und Sprachengemisch aus Flamen, Wallonen,

Deutschen, Portugiesen, spanischen Juden und französischen Hugenotten.

Im Hafen von Amsterdam drängten sich die Schiffe. Ein Reisender spricht von 8000 Schiffen, deren Masten und Takelage einen dichten Wald abgeben, so daß die Strahlen der Sonne kaum noch durchzudringen vermögen. Schiffe aus Lübeck, Stralsund, England, Venedig, Ragusa, der Toscana. Dank dieses regen Schiffsverkehrs steigt Amsterdam zu einem Ort des Überflusses, zu einem Sammelpunkt des Reichtums auf. Die Rolle Amsterdams besteht im Heranschaffen, in der Lagerhaltung vor allem, im Kaufen und Verkaufen der Waren aus aller Welt, mit großem Gewinn. Hat eine Flotte angelegt, so wird die ganze Ware von Maklern aufgekauft, und wenige Tage später sind die Schiffe bereits entladen und wieder zum Auslaufen bereit. Was nicht sofort verkauft wird, schlucken die Magazine, um es später wieder auszuspeien. Eine ungeheure Menge an Waren und Rohstoffen steht auf Abruf bereit.

Die Stadt und ihre Kaufleute gründen 1602 die VOC, die Ostindische Handelskompanie, kolonisieren Indien und Indonesien. Die 1621 gegründete WIC, die Westindische Companie, kolonisiert die westafrikanische Küste, die West- und Ostküste von Amerika.

Surinam, das Holland 1667 im Frieden von Breda von England als Ersatz für den Verzicht auf Neu-Amsterdam, das spätere New York, erhält, bringt durch die Zuckerrohrplantagen hohe Einkünfte. Curaçao ist seit 1634 Umschlagplatz für Sklaven aus Afrika. Mit diesen beiden Vorposten fristet die WIC ein weniger erfolgreiches Dasein als die VOC und wird 1674 wieder aufgelöst.

Amsterdam ist nicht nur Handels-, sondern auch ein kulturelles Zentrum. Rembrandt, van Dijk und Frans

Granatbaum mit Laternenträgern, einem Nachtwander
und einer Leiermannzikade

Hals lebten hier, Hugo Grotius begründete das moderne Völkerrecht, und Baruch Spinoza lehrte die Allmacht der Vernunft und die Einheit von Gott und Natur.

Maria Sibylla zieht zunächst einmal in die Vijzelsstraat. Durch eine Aufzeichnung im Studienbuch wissen wir, daß sie am 28. September 1691 bereits wieder damit beschäftigt war, Raupen zu sammeln und Schmetterlinge zu züchten. Der Briefkontakt zu Clara Imhoff in Nürnberg wurde wieder aufgenommen. Er war durch den sechsjährigen Aufenthalt in Westfriesland – und durch den Skandal der Scheidung? – so gelockert gewesen, daß bei der Trauung der Tochter Johanna Helena, 1692, niemand wußte, daß deren Vater, Graff, noch lebte. Jetzt muß sie es erfahren haben. Deshalb ist es seltsam, daß sie sich 1699, in ihrem vor der Reise nach Surinam abgefaßten Testament, »Maria Sibylla Merian, Witwe des Johann Andreas Graff« nannte. Graff starb zwei Jahre später in Nürnberg. Natalie Zemon Davis vermutet darin eine Lüge als Konzession an die Normen der Gesellschaft, die eine Scheidung unter derart ungewöhnlichen Umständen nicht tolerierte.

Aus ihren Briefen geht hervor, daß sie ihren Farbenhandel weiterführte und einen Handel mit präparierten Insekten begann. Sie sammelt wieder, obwohl es ihr in der Stadt »an Gelegenheit, speziell das zu suchen, was in Heide und Moor zu finden ist, mangelte. Doch diesem Mangel wurde sehr von andern Liebhabern abgeholfen, die mir dann Raupen gebracht haben, damit ich ihre Verwandlungen beobachten konnte. So sammelte ich noch viele Erfahrungen, die ich den beiden vorangehenden Teilen (des Raupenbuchs) hinzufügen konnte.« Sie arbeitet also am dritten Teil.

Neben diesen Forschungsarbeiten malte sie auch Stilleben: Pfirsiche mit Zaunrübe, Blumenvasen, Früchteschalen und -körbe, ein Bild mit Kürbissen, um die sich drei Mäuse scharen. Die eine knabbert an einer Mandel, eine zweite hockt auf der Frucht, während die dritte gerade den Kürbisstengel erklettert. Ganz ähnliche Bilder sind von ihrer älteren Tochter bekannt, die bei ihr das Handwerk so gut gelernt hat, daß die Urheberschaft mancher Bilder nur schwer zu entscheiden ist. Einige hat sie gar mit ihrem Namen und dem der Mutter signiert. Töchterliche Hochachtung vor der Lehrmeisterin.

Vermutlich hat Maria Sibylla auch wieder eine »Jungfern-Company« gegründet. Einige qualitativ schlechtere Bilder und Wiederholungen, die nicht aus ihrer Hand stammen können, weisen darauf hin. Sie entwickelt einen Tauschhandel. Im Brief an Clara Imhoff bietet sie Raritäten aus West- und Ostindien an gegen einige Schmetterlinge und Käfer. Anweisung zur Präparation der Tiere liefert sie mit: »Die Schlangen und dergleichen Tiere, tut man in Gläser mit gemeinem Branntwein und macht die Gläser mit Pantoffelholz zu.« Die Schmetterlinge und Käfer müsse man in Schachteln stecken, die innen zuerst mit »Spicköl« ausgestrichen werden müssen, denn so »kommen keine Würmlin darbei, welche sie sonst verzehren«.

Die einflußreiche Kaufmannsfamilie Sommelsdijk kannte sie bereits von Waltha. Nun lernt sie den Botaniker Caspar Commelin kennen, der den Botanischen Garten Amsterdams leitet. Er wird ihr später bei ihrem Surinambuch die wissenschaftliche Bestimmung der Pflanzen liefern. Sie trifft den Forscher und einen der Erfinder des Mikroskops, van Leeuwenhoek. Sie muß selbst ein Mikroskop benutzt haben, denn in ihrem Surinambuch setzt sie sich kritisch mit den Beobachtungen Leeuwenhoeks auseinander. Sie geht ein und aus im Kabinett des berühmten Sammlers Levinus Vincent. Ihr Leben bekam wieder Schwung nach der Ruhephase auf Waltha. Vielfältige Kontakte und Unternehmungen begannen hier. Eine ihrer wohlhabenden Auftraggeberinnen war Agnes de Flines, geborene Block, deren Vater sie in seine Orangerie auf dem Vijverhof einlud, wo sie für sie, zusammen mit ihrer Tochter Johanna Helena, überseeische Pflanzen und Vögel aus deren Orangerie malte. Mit einer ihrer Verwandten, der Scherenschnittkünstlerin und Glasmalerin Johanna Koerten-Block, war sie befreundet, wie deren in der Amsterdamer Universitätsbibliothek erhaltenes Stammbuch »Album amicorum« beweist, das einen Vierzeiler mit einem Blumenkranz aus der Hand Maria Sibyllas enthält. Die Naturalienkabinette mit den Sammlungen exotischer Flora und Fauna von Bürgermeister Nicolaas Witsen, der von 1682–1705 die Stadt regierte, des Stadtsekretärs Jonas Witsen und des Anatomieprofessors Fredericus Ruysch, dessen Tochter Rachel ihre begabte Schülerin wurde, später Hollands berühmteste Malerin, standen ihr offen und erweiterten ihre Kenntnisse von Pflanzen und Tieren aus Ost- und Westindien. Sie lernte den Arzt Steven Blanckaerts kennen, den Verfasser der »Schou-Burg der Rupsen, Wormen, Maden en vliegende Dierkens«, die 1688 in Amsterdam erschienen war.

Sie strotzte vor Schaffenskraft. Sie malte 127 Tafeln eines Exemplars der französischen Übersetzung von Johann Goedaerts »Metamorphosis et historia naturalis insectorum« aus. Auch ihre Tochter Johanna Helena trug mit ihrer Arbeit zum Unterhalt bei. Sie wurde gewürdigt, an einem Buch Commelins mitzuarbeiten, in dem die Glanzstücke des Amsterdamer Arzneigartens gezeigt wurden. Für diesen »Atlas Monninckx« lieferte Johanna Helena 92 Bilder. Johanna Helena und ihr frisch angetrauter Ehemann unternahmen nun eine Reise nach Surinam. Ihre Erzählungen nach der Rückkehr bestärkten Maria Sibylla, selbst dorthin zu fahren.

Halb durch Zufälle gefügt bisher, nun immer mehr geplant, läuft alles auf eine eigene Reise in die Tropen hinaus. Ihr Ziel dabei ist klar. In den Sammlungen Amsterdams hat sie eine neue, unendliche Vielfalt herrlichster Insekten gesehen, »aber so, daß dort ihr Ursprung und ihre Fortpflanzung fehlten, das heißt, wie sie sich aus Raupen in Puppen und so weiterverwandeln. Das alles hat mich dazu angeregt, eine große und teure Reise zu unternehmen und nach Surinam zu fahren.«

Ein geradezu tollkühnes Unternehmen damals für eine zweiundfünfzigjährige Frau, angesichts des mörderischen Klimas, das bereits die Labadisten-Missionare hatte scheitern lassen. Das Merian-Wappen auf ihrem Siegelring, mit dem sie ihre Briefe verschließt, zeigt den Wahlspruch: »Pietas contenta lucratur«, zufriedene Frömmigkeit gewinnt am Ende.

Während sie sich für ihre lange, ungewisse Überfahrt rüstet und letzte Vorbereitungen trifft, auch ihr Testament macht, Erkundigungen einholt über jenes ferne Land, finanzielle Unterstützung sucht, möchte ich mich gerne in Amsterdam umsehen und ihren Spuren folgen. Was ist noch da aus ihrer Zeit, der Wende vom 17. ins 18. Jahrhundert?

Fahrzeit sieben Stunden statt der rund 70 Stunden damals. Das müßte im 17. Jahrhundert als dicke Lügengeschichte erschienen sein oder als lebensgefährliches, halsbrecherisches Unternehmen.

Irgendwann kommt die holländische Grenze. Emmerich, Paßkontrolle. Flacher, weiträumiger wird das grüne Land. Kleine Orte, Höfe, rostrotes Backsteingemäuer, viele Felder, überhaupt viel Grün, unerwartete Kiefernwälder, alles fliegt vorbei. Einsame Kühe, Schafe, Ziegen. Schmale, schnurgerade Kanäle, idyllisch irisgesäumt, teilen die Felder in Rechtecke. Eine vereinzelte, reglose Windmühle taucht auf und verschwindet schnell wieder. Wir nähern uns Amsterdams Vororten. Dann Wasser links und rechts, Schiffe, ein großer Dreimaster, wie aus VOC-Zeiten, fliegt vorüber.

Am nächsten Tag nehme ich den 18er-Bus zum Bahnhof, Richtung Schiffahrtsmuseum. Im Hafenbecken vor dem Museum liegt der Dreimaster, den ich vom Zug aus sah. Die Nachbildung eines Indonesienfahrers der VOC, der auf seiner Jungfernfahrt mit Mann und Maus sank. Eine hohe, steile Leiter führt zum Deck. Ein paar rußgeschwärzte Seeleute, mit Schlapphüten, Halstüchern, zerrissenen Hemden, so stellt man sich Piraten vor, singen zur Quetschkommode Seemannslieder. Für Touristen. Auf einem groben Tisch Holzteller, Holzlöffel, Essensreste, breiähnlich, gelbgrün. In einem gußeisernen Ofen in der winzigen Kochkombüse glüht Holzkohle. Zwei barfüßige Piraten schrubben auf den Knien das Deck. Etwa in der Schiffsmitte führen Treppen nach unten. Zuunterst Stauraum für Lebensmittel und Fracht. Darüber die Konstablerkammer, Kanonen, Kugeln, Pulverfässer. Noch ein Stock höher, auf dem Achterdeck, die Kabinen, winzige, enge Verschläge, viel zu kurze Betten. Wie sollte man es hier drei Monate lang aushalten können? Trotz aller Mühe will kein Eindruck entstehen. Das Museumsgebäude: 1655 als Packhaus für die Amsterdamer Admiralität errichtet. Maria Sibylla muß es vor fast 300 Jahren öfter betreten haben.

Westindienfahrten im 17. und 18. Jahrhundert: auffallend viel Papier mit Regeln für alles. Mannschaft und Passagiere durften pro Person eine Kiste für ihre Habseligkeiten, 4½ Fuß lang, 1½ Fuß breit, 1½ hoch mitnehmen. Offiziere hatten größere Kisten, der Kapitän die größte und zwei davon. Genaue Regelungen der Mahlzeiten: Der Mannschaft standen drei täglich zu. Brot, Hirsebrei, Getreidesuppen, ab und zu Pökelfleisch und Trockenfisch. Listen ärztlicher Instrumente und Apothekergewichte. Jedes Schiff hatte einen Arzt an Bord, nach leidvollen Erfahrungen.

Einkaufspreislisten: Ein Sextant aus Kupfer kostete 150 Gulden, ein Azimutkompaß 36 Gulden. Doch was bedeuteten diese Preise? Was verdiente ein Matrose, ein Kapitän, was kostete ein Brot? Die genauen Angaben bleiben ungenau, nutzlos. Zur Zeitbestimmung Sanduhren, für eine und für vier Stunden, ½ Meter hohe Gläser. Rollen mit Seilen voller Knoten zur Bestimmung der Reisegeschwindigkeit, soundso viele Knoten des Seils pro Zeiteinheit ergibt die Geschwindigkeit in Knoten. Ein Nocturnal zur nächtlichen Zeitmessung an Hand der Gestirne. Sonnenuhren, auf allen Breiten zu verwenden. Holzteller und -besteck für die Mannschaft, aus Zinn für Offiziere und Kapitän.

Karten: der Seeweg nach Westindien, von einem gewissen A. Jacob, 1646, wer weiß, vielleicht hat der Kapitän ihres Schiffes sie in der Hand gehabt, seinen Kurs nach ihr berechnet. Europa, Amerika und im unendlich weiten Raum dazwischen Hunderte von schnurgeraden Linien, Kurse, wie Schnittmuster.

In einer Vitrine trocken aufgezählt und bezeichnet, als seien es Navigationsinstrumente: Handschellen, Fußfesseln und briefmarkengroße Brandzeichen, womit die Initialen des Besitzers der Sklaven denselben wie Vieh in die Haut gebrannt wurden.

Dann wieder Karten. Eine Nation, die ohne Karten nicht leben konnte, sie waren der Schlüssel zu Reichtümern oder Katastrophen. Nun scheint direkter Verwertbares zu kommen. 1796, also fast ein Jahrhundert nach ihrer Reise gedruckt, J. Stedmanns »Reize naar Surinam«, darin Kupferstiche, auf denen Sklaven den Herren Kühlung fächeln, Kakao reichen, fast idyllisch. Was der Herr sonst noch zum Thema berichtete und abbildete, sehen wir später. Das ist auch schon alles über die WIC und über Surinam. Im Rijksmuseum findet sich eine »Generale Caart van de Provintie Suriname«, auf Seide gedruckt, fast 2 Quadratmeter groß, von einem gewissen Alex de Lavaux, 1737, sie gibt also in etwa die Verhältnisse zu Maria Sibyllas Zeiten wieder. Diese neue Karte war nötig geworden, um in den Dschungel geflüchtete Sklaven leichter zu finden.

Alte Bekannte tauchen auf. »1683 exploriert durch Geoctroyeerde Societät van Suriname«. Diese Sozietät bestand aus der Stadt Amsterdam und der Familie van Aerssen von Sommelsdijk. Das waren also die Geldgeber für die Erschließung der Kolonie nach Auflösung der WIC. Den Sommelsdijks gehörte zeitweise ein Drittel Surinams. Die Karte zeigt Flüsse, denen entlang beidseits ein »Patchwork« von rechteckigen Plantagen anliegt, Hunderte müssen das sein, alle numeriert, und die Legende am Rand nennt die Namen der Besitzer. Typisch holländisch: Kanäle schneiden Flußschlingen ab, verkürzen die Wege.

Ein Ölgemälde zeigt Cornelius van Aerssen von Sommelsdijk (1637–1688), Gouverneur von Surinam. Unerwartet jung, ein weiches Gesicht unter langen, lockigen, frischgewaschenen, blonden Haaren. Eisenharnischbewehrt. Am Ende nutzlos, er wurde ermordet von seinen eigenen Soldaten, die mit der Verpflegung unzufrieden waren und sich beschwerten, wie Sklaven behandelt zu werden.

Jetzt ein Bild, gemalt von einem Dirk Volkenburg, der am 24.2.1706 einen Vertrag mit dem Kaufmann Jens Witsen, auch ein schon bekannter Name, schloß, seine Plantagen in Surinam zu malen und zu beschreiben. Es zeigt eine Idylle: Palmen, Hütten an einem Fluß, den ein paar kleine Boote beleben, ein paar Schwarze sitzen davor. Im Hintergrund, hinter Palmen und Gebüsch, das Herrschaftshaus. Auf dem Rückweg entdecke ich auf meinem Plan die Vijzelstraat. Hier wohnte sie zuerst, nach ihrer Ankunft. Es ist eine der vier bis fünf großen Straßen, welche die konzentrischen Ringe, die Halbkreise der Grachten, die den historischen Kern der Stadt bilden, längs durchschneiden. Ich bin ganz in der Nähe. Dann finde ich nur die häßlichste Straße des Zentrums. Ein Betonklotz am andern. Maria Sibylla wäre erschrocken beim Anblick, mehr noch vom Lärm der Busse, Straßenbahnen, Autos. Nirgends ein Rest des 17. Jahrhunderts. Sie würde ihren Platz nicht mehr finden. Immerhin entdecke ich die Kerkstraat, da wohnte sie nach ihrer Rückkehr aus Surinam.

Am nächsten Tag, frühmorgens, wenn Amsterdam noch ruhiger ist, fahre ich zur Kerkstraat. Sie liegt zwischen Keizersgracht und Prinsengracht. Ich suche das Haus »zum Rosenzweig«, in dem sie wohnte. Es ist eine ruhige Straße, die Giebelhäuser renoviert, das Fachwerk schwarz und dunkelblau gestrichen, mit weißen Türen und Sprossenfenstern. Die Messingtürklinken und kunstvollen Türklopfer sind blankpoliert, als sei es die erste Tätigkeit ihrer Bewohner, sie frühmorgens zu putzen. Hier ist altes Amsterdam. Buch- und Kunsthändler wohnen auch heute noch in den Häusern, gebaut zwischen

1673 und 1683. Nach diesen Jahreszahlen zog sie jedenfalls in einen Neubau. Die Straße scheint angelegt bei einer der wegen der Bevölkerungszunahme immer wieder notwendigen Erweiterungen, bei denen neue Grachten, neue Jahresringe, außerhalb der alten Wälle, angelegt wurden.

Inzwischen weiß ich auch, wie sie ihre Kästen und Truhen die Hühnerleitern hochgebracht hat. Am Giebel eines jeden Hauses, sogar an den modernen Betonbauten, befindet sich ein Hebelarm für einen Flaschenzug. Man hievt gefahrlos einfach alles außen hoch. Damit die Fassade nicht beschädigt wird, baut man die Häuser gefluchtet, d.h. sie neigen sich zur Straße hin. Zum Teil sieht das bedrohlich einsturzgefährdet aus.

Meinen letzten Tag in Amsterdam möchte ich ruhig beginnen, mit einem Gang durch den Botanischen Garten. Missionare und Plantagenbesitzer brachten die tropischen Pflanzen aus Ost- und Westindien in den Hortus Botanicus, wie er damals hieß. Ursprüngliche Absicht war der Anbau von Arzneipflanzen für die Apotheker der schnell wachsenden Stadt. Einer der Gründer neben Swammerdam, den Maria Sibylla nicht mehr kennengelernt hatte, er war 1680 mit 43 Jahren gestorben, war Jan Commelin, dessen Neffe, Caspar Commelin, sein Nachfolger wurde und der später ihr Surinambuch kommentierte. Er hatte gute Verbindungen zur VOC, die ihm Pflanzen aus Afrika, Indien, Indonesien, Australien und Japan lieferte.

Swammerdam war ein merkwürdiger Mann. Von Geburt an kränkelnd, blieb er nur dank der Kunst zweier Ärzte am Leben. Seine Kindheit verlebte er in verschlafener Stimmung. Die Familie atmete auf, als er beschloß, Medizin zu studieren. Er studierte alles, nur nicht Medizin. »Gott prüft Deinen Vater schwer«, schrieb ihm seine Mutter, »Du vergeudest die wertvolle Zeit. Wenn du binnen zwei Jahren nicht das Diplom des Arztes erringst, wird Dein Vater aufhören, Dir Geld zu schicken.«

Das Diplom schaffte er mit Ach und Krach, aber seine Leidenschaft blieb die Welt der Insekten. Der Spätzünder wurde damit berühmt. Der Herzog der Toscana bot ihm 12.000 Gulden für seine Insekten-Sammlung, unter der Bedingung, daß er nach Florenz komme und konvertiere. Er lehnte ab (nach Z. Herbert).

Auf dem Weg zurück durch die Plantage Middenlaan sehe ich, noch in derselben Straße, Nr. 45, ein ehrwürdiges Gebäude und an der Hauswand ein metergroßes Namensschild mit... ja, mit dem Namenszug von Maria Sibylla, zwischen denen von Aristoteles, Plinius, Swammerdam, de Buffon, Linnaeus (Linné), Leeuwenhoek und Réaumur.

Da ist sie, umgeben von lauter männlichen Berühmtheiten, als einzige Frau. Die Amsterdamer wissen sie zu schätzen. Neben einer unscheinbaren Türe, hinter einem rostigen Zaun, ein kleines Schild: Bibliothek des Botanischen Instituts der Universität. Ich läute.

Da gibt es das Original des Surinambuchs, doch nur in zweiter Auflage, auf Holländisch. Das Raupenbuch, drei Teile, koloriert, sowie den dritten Teil, »schlechter koloriert, von der Tochter«, sagt die Bibliothekarin.

Zu guter Letzt die »Europäischen Insekten«, unkoloriert, in dem ihre Stiche in liebloser Weise, immer vier verkleinert auf einer Seite, nach ihrem Tod erschienen sind. Im Entomologischen Institut, in der gleichen Straße Nr. 64, so erfahre ich, stünde mehr.

Ich nenne von dort nur das Bedeutendere:

Das Raupenbuch. Alle Teile. Holländische Ausgabe,

1679–1718. Das Raupenbuch, deutsch, Teil 1 und 2, 1679–1683, koloriert von ihr. Das Surinambuch, holländisch, koloriert. »Amstelodamis, 1705«. Seltsam: Im »Verzeichnis der noch vorhandenen Erstausgaben« ist für hier die lateinische Ausgabe verzeichnet. Wie in Basel, schon wieder ein Exemplar mehr.

»Edition von 1774, Teil 1 mit koloriertem Portrait im Titel, von G. v. Nijmegen, pinx. 1774. Dabei ein Lebensbericht und ein loses Porträt von Merian 1679, von M. Topas.« Zwei Porträts. Und ein Lebensbericht. Ein Porträt von M. Topas ist mir bisher in der Literatur nirgends begegnet.

Man bringt mir die vier ledergebundenen Bände, die drei Bände des Raupenbuchs und einen Textband, in Schönschrift. Der Lebensbericht bringt nichts Neues. Das Porträt von Nijmegen ist ein Ausschnitt, nur das Gesicht, koloriert, aus dem Kupfer von Houbraken nach der Zeichnung von Gsell. Das Porträt von M. Topas von 1679 zeigt eine ältere Frau. 1679 war sie aber erst 32 Jahre alt. Vermutlich ist die Bleistiftnotiz auf der Rückseite, die Jahreszahl, falsch. Oder zeigt das Bild, wie das Basler Porträt, nicht Maria Sibylla Merian? Anders als auf dem Stich von Houbraken finden sich auf diesem von Topas keinerlei Hinweise auf ihre Arbeit.

Auf diesem Kupferstich sitzt Maria Sibylla Merian auf einer Terrasse, hinter ihr die Säulen der Balustrade, über die man hinaussieht in einen Park, der begrenzt wird durch eine Mauer mit einem mächtigen Torbogen. Dahinter türmen sich Berge. Die Sicht auf die Landschaft wird zur Hälfte verdeckt durch einen schweren Vorhang, vor dem sie sitzt. Auf der Balustrade steht ein Krug mit einem Blumenstrauß, daneben liegt ein kleines Buch. In ihrer linken Hand hält sie eine Blume.

Palma Christi (Ricinus Americanus) mit Wunderpapillon
und Sackträgerraupe

Begleiten wir nun Maria Sibylla einen Tag lang in Amsterdam auf ihrem Weg.

Wie jeden Morgen um diese frühe Zeit ertönen von den umliegenden Kirchen die Glocken. Amsterdam erwacht. Vogelgezwitscher und Hundegebell dringen durch das offene Fenster herein. Jetzt werden beim Bürgermeister die Schlüssel abgeholt und die Stadttore geöffnet. Schnell wird sich der Markt mit Landleuten und Händlern aus dem Umland füllen, die die Stadt mit Lebensmitteln versorgen. Bald werden die engen Straßen überfüllt sein. Maria Sibylla will deshalb früh aus dem Haus, hat auch ein gedrängtes Programm. Ein Blick aus dem Fenster: ein schöner Tag. Die Sonne geht soeben auf. Von der nahen Prinsengracht dringt schon der Lärm der Fuhrleute, die Schiffe be- oder entladen, die Magazine leeren und wieder füllen. Nun die steile Treppe hinunter, vorsichtig, Stufe für Stufe, ihren Korb vor sich an den Bauch gepreßt. Sie begrüßt unten den Tuchhändler, der eben das Tor zu seinem Magazin öffnet. Draußen warten schon Fuhrleute, um Ware zu laden. Ein paar Steinstufen zur Straße hinunter.

Jetzt steht sie auf der Vijzelstraat, eine der breiteren Straßen der Stadt. Nach gut 100 Metern kreuzt sie die Kerkstraat, hier wird es ruhiger, auch enger. Nach weiteren 100 Metern überquert sie auf einer Hebebrücke, die sich gerade hinter einem Schiff wieder senkt, die Keizersgracht. Sie bleibt einen Augenblick stehen: ein Segelschiff am andern, große Zweimaster ankern am Ufer, dazwischen kleine Jollen. Eben macht ein Schiff fest, Seeleute laden fluchend – ihr vertraute heimische Klänge – Bierfässer, von einem andern werden Gewürze entladen, der Duft mischt sich mit dem Gestank, der aus der Gracht aufsteigt. In den umliegenden Häusern werden wohl gerade die Nachtgeschirre geleert und der Inhalt fliesst in die Wasserarme. Kreischende Möwen suchen ihr Frühstück. Ein bierbäuchiger Mann kratzt sich ausgiebig den Schädel, gibt Kommandos. Zwei feingekleidete Herren, schwarze Bundhosen, schwarzes Wams, blütenweisser, breiter, steifer radähnlicher, gefältelter Kragen und schwarzer Umhang um die Schultern, die breitkrempigen Hüte in der Hand, einen Stock mit silbernem Griff in der andern, betrachten amüsiert das Schauspiel. Der Gestank treibt sie weiter, sie überquert die Herrengracht, kommt immer weiter ins alte Stadtzentrum. Dann in die Singlegracht, ein alter Ringgraben, der einst als Festungskanal angelegt wurde zur Verteidigung der Stadt, an seiner Innenseite noch zu sehen sind Reste der alten Stadtmauer. Der Single wurde, als man ihn später zur Stadtgracht, zum Wasserweg erklärte, mit Bürgerhäusern, mit Kontoren und Lagerhallen der Kaufleute eng bebaut. Nun kommt sie vorbei am Mundtoren. Auch das ist der Rest einer früheren Befestigung, als die Stadt hier noch endete. Bei einem der häufigen Brände ist er bis auf die steinernen Grundmauern abgebrannt. Nun trägt er die elegante Spitze des Baumeisters Hendrick de Keyser. Seinen jetzigen Namen, so hat man ihr erzählt, bekam er vor einem Vierteljahrhundert, als im Krieg mit England und Frankreich das Geld knapp wurde und im Turm neue Münzen geprägt wurden.

Von hier an nimmt sie eine Schleppkutsche. Sie sind langsamer und damit sicherer in den engen gepflasterten Strassen, deshalb hat der Rat der Stadt andere Fahrzeuge verboten. Das schlittenähnliche Gefährt bringt sie Richtung Kalverstraat. Zur Rechten, an der Amstel, herrscht grosses Gedränge an- und ablegender Schiffe. Ein Wald von Masten, Fahnen aus aller Herren Länder. Munition,

Kanonen werden geladen, Pulverfässer, von einem anderen Tuche, Baumwollballen, Kisten und Fässer entladen.

In der Kalverstraat, von weitem schon zu hören, das Blöken und Muhen der Kälber, die hier gehandelt werden. Jetzt vorbei am großen Bürgerwaisenhaus, in dem die vielen Findelkinder und Waisen von der Stadt versorgt werden. Vor allem die Armen sterben immer noch zahlreich und früh, viele Frauen im Wochenbett.

Nun geht es Richtung Dam. Schon hört sie das Glockenspiel der Nieuwe Kerk, das eine Hochzeit oder eine Beerdigung verkündet. Dort strömt eine Menge zusammen, auch Fremde in bunten langen Umhängen, blaue und rote Tücher, Turbane, um den Kopf gewickelt.

In der Menge ein Volksprediger, mit lauter Stimme versucht er, das Treiben zu übertönen und gemahnt die Menge an den Tod, an Verwesung, an die Äußerlichkeit aller Schönheit, Schleim, Blut und Kot nur unter der Hülle, Maden im faulenden Fleisch der Toten. Zuhörer wehklagen, Frauen weinen, doch hört sie auch gotteslästerliches Fluchen. Marktleute mit Weidenkäfigen, Hühner und Enten zum Verkauf anbietend, und Seeleute, die ihre Börse aufbessern möchten mit kreischenden Papageien und kleinen keckernden Affen. Ein paar Straßen weiter ertönt das Geläut der Feuerwehr. Schon wieder brennt es irgendwo.

Am Dam, dem Herzen der Stadt, herrscht Hochbetrieb. Schleppkutschen, Männer mit großen hochbeladenen Schubkarren und Waagenträger schaffen Tabakballen, Getreide, Metalle, vom Kupfer bis zum seltenen Quecksilber, Stoffe, Kaffee oder Kakao, Fässer mit Fisch oder Zucker von den Schiffen heran zur Waage, andere das bereits von den Wiegern Gewogene in Magazine.

Zerlumpte, mit Schwären bedeckte Bettler schicken

ihre Kinder vor. Jetzt wendet sie sich zum Rathaus, das der berühmte Jacob van Campen entworfen hat. Einen Wald von Kiefernpfählen hat man in den schlammigen Grund gesenkt, darauf das Fundament errichtet. Der Bildhauer Artus Quellinus mit seinen Leuten hat die prächtige Fassade gestaltet, ebenso die Statuen im Burgerzaal.

Nun geht sie die breite Treppe hinauf, durch lange Gänge, vorbei am Burgermeesters Raadzaal. Durch die offenen Türen sieht sie die Gemälde, biblische und antike Motive, die die Schüler des legendären Rembrandt malten, von dem manche, die ihn noch gekannt haben, zu erzählen wissen. Nun steht sie vor dem Amtsraum des Bürgermeisters Nicolaas Witsen, der sie schon erwartet.

In zwei hochlehnigen, lederbespannten Stühlen in der Nähe des großen Kamins nehmen sie Platz. Sie staunt über die silberne Kanne, die feinen, kostbaren Porzellantassen, vor allem aber über den aromatischen Tee, den er ihr anbietet. Ein VOC-Kapitän hat ihn mitgebracht, ein neues anregendes Getränk, ihr noch unbekannt. Nun beginnt er das Gespräch über ihre geplante Reise. Wieder rät er ihr ab. Vier Töchter hat er selbst verloren. Zu gefährlich sei die Überfahrt, die schlechte Ernährung, mangelnde Sauberkeit, dann das mörderische Klima dort, die unerträgliche Hitze Westindiens, die schrecklichen Krankheiten, Gelbfieber vor allem. Weshalb sie nicht die vielen unbekannten Pflanzen und Tiere in den Sammlungen hier zeigen wolle? Da herrsche Mangel, warte Arbeit, gut bezahlt auch. Nein, in der bequemen Studierstube, wie eine Spinne in ihrem Netz, seßhaft das zu bearbeiten und abzubilden, was andere von ihren Reisen mitgebracht haben, tote Natur, meist schlecht präpariert, das sei nicht ihre Sache. Umherstreifen wolle sie, selbst sammeln, lebendiges Leben darstellen in all seinen Verwandlungen, feststellen auch, ob das überall so sei, Gesetzmäßiges womöglich sich zeige. Nun gut, sollte sie weiterhin und trotz aller Gegenrede bei ihrem Plan bleiben, verspricht er Hilfe, er hat Verbindungen dort. Man ist interessiert an Kenntnissen und Werken der überseeischen Besitzungen. Er gibt Ratschläge zu Ausrüstung, Kleidung, Ernährung, Arzneien, die mitzuführen sind. Sie bleibt dabei, nach der Rückkehr der Tochter und des Schwiegersohnes aus Surinam will sie sich endlich selbst auf die Reise machen, ist durch nichts mehr aufzuhalten. Zu faszinierend sind die Insekten und Schmetterlinge, Schlangen und Echsen, die sie in den Naturalienkabinetten, auch in seinem, gesehen hat. Doch dann erlebt sie eine bittere Enttäuschung. Finanzielle Hilfe durch die Stadt lehnt er rundweg ab. Wie soll sie nun das Geld auftreiben?

Wieder draußen im Gewühl der Menschen sucht sie eine Kutsche, will durch die Damstraat, weiter zur ... doch hier hält sie ein seltsames Schauspiel auf. Ein prächtiges Kaufmannshaus. Ein Blick durch geöffnete Fenster in die Küche: Mägde beim Rupfen und Ausnehmen der Gänse, auch Lerchen und Wachteln. Fische werden abgeschuppt, kommen in die Pfanne. Da hört sie Orgelmusik aus dem obersten Stockwerk. Männer, Frauen, Kinder schlüpfen verhuscht durch den versteckten Seiteneingang, eilen zu ihrem Gottesdienst in die Dachstuhlkirche. Katholiken in ihrem Glaubensunterschlupf, den ein westfälischer Kaufmann für sich und seine Glaubensbrüder und -schwestern gebaut hat, toleriert von der protestantischen Obrigkeit.

Um die Ecke biegend, hört sie das Klappern, mit dem ein Aussätziger auf sich aufmerksam macht. Sie weicht ihm in weitem Bogen aus. Weiter geht es, über den Zijdsachterborgwal, vorbei an dem Haus, in dem Rembrandt

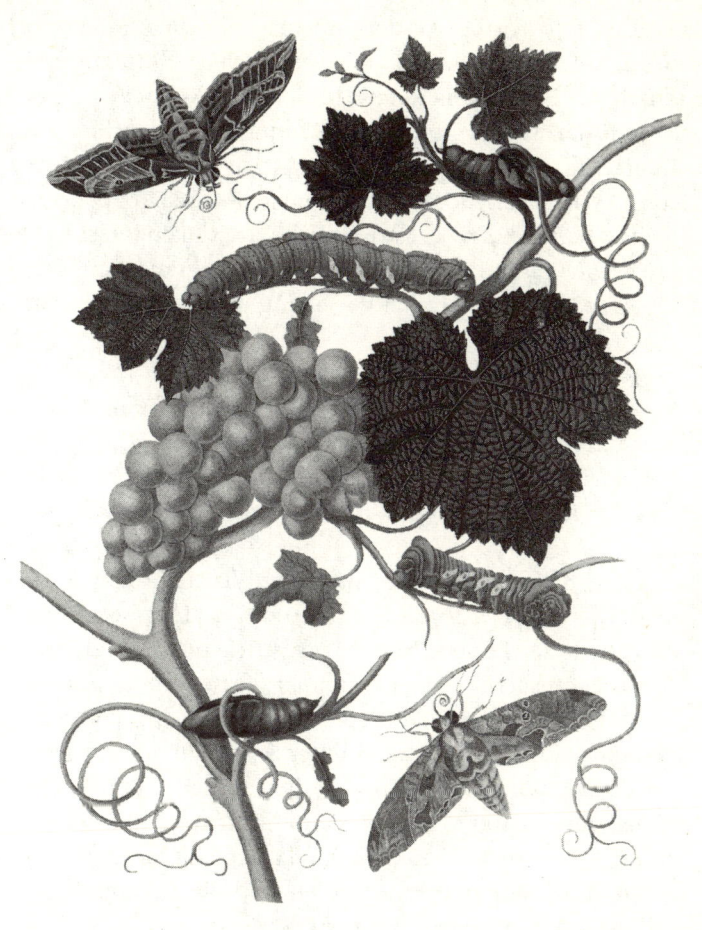

Grüne Weintraube mit Eulenfalter

mehr als zwanzig Jahre gelebt und gearbeitet hatte. In einem Nachbarhaus scheint ein Umzug im Gange. Schwere Truhen und Kisten werden mit dem Flaschenzug empor in die oberen Stockwerke gehievt, dort in Empfang und durch das Fenster ins Innere genommen. Vorbei an Werkstätten der Silberschmiede und Zinngießer. Gesellen und Lehrlinge arbeiten vor der Werkstatt, auf dem Bürgersteig. Vorbei an den Werkstätten der Glashersteller, an Seidenmanufakturen, Kartenzeichnern, Diamantschleifereien, viel ausländisches Stimmengewirr, Franzosen, Portugiesen, spanische Juden vor allem, auch vertraute deutsche Klänge.

Sie ist tief in Gedanken, hat nun plötzlich finanzielle Sorgen. Sie wird Bilder, vielleicht sogar ihre Sammlungen verkaufen, sich nach weiterer, gut bezahlter Arbeit umsehen müssen, Bücher anderer kolorieren, unselbständige Brotarbeit, um die Reisekosten zusammenzukratzen.

Nun hält die Kutsche, sie steigt aus, geht durch ein kleines, hölzernes Tor. Schon kommt ihr Herr Commelin entgegen, der Direktor des Hortus Botanicus. Ärzte und Apotheker suchen Heilkräuter aus, Eisenkraut, Frauenmantel, Nierenwurz, die sie kaufen wollen. Im Vorbeigehen gibt Commelin einem Helfer Anweisungen, begrüßt sie dann und führt sie in ein helles, lichtdurchflutetes Haus unter einem grünen Blätterschirm und zeigt ihr einige neue, auch unbekannte Pflanzen, die er eben von einem VOC-Kapitän erhalten hat und die sie ihm malen soll, gegen gute Bezahlung versteht sich.

Sie nimmt ihre Farben, Pinsel, Pergamente aus dem Korb, und nach einem kleinen Imbiß beginnt sie ihre kunstvolle Arbeit, die bis zum Abend dauert.

Kurz bevor die Gaunerglocke die Amsterdamer zur

Ruhe mahnt, kommt sie wieder zu Hause an. Sie ergänzt noch ihre Liste für die Reise um ein paar Ausrüstungsgegenstände, die der Bürgermeister ihr genannt hat und die sie auf ihrer Reise benötigen wird.

150 Jahre zuvor war die Neue Welt entdeckt worden. 100 Jahre nach ihr lebte der große Forscher und Weltreisende Alexander von Humboldt. Und dazwischen, als sie auf Columbus' Route nach Surinam segelte? Wurde geforscht, entdeckt? Nein, jetzt wurde konsolidiert, kolonisiert, ausgebeutet. Es gab nur die Berichte Reisender, und an diesen herrschte gewaltiges Interesse. Von 1544–1650 erschien die »Kosmographie« von Sebastian Münzer, in 44 Auflagen, mit phantastischen Szenarien, in denen Riesenkraken Dreimastsegelschiffe überfallen und mit ihren Armen in die Tiefe reißen. Meeresungeheuer, schiffsgroße Fische mit Eberköpfen, je drei Hauer auf jeder Seite, zerknacken damit Menschen, und Riesenkrebse umklammern winzige Menschen mit ihren Scheren. Feuerspeiende Seedrachen mit zwei kleinen Kaminen auf dem Kopf, Dampf ablassend. Menschen ohne Kopf sollte es in den Urwäldern geben, die Augen, Nase, Mund auf der Brust, die Ohren in den Achseln. Sir Raleigh hatte sie vergeblich gesucht. Das war das verbreitete Wissen dieser Zeit.

Gereist wurde viel in jener Zeit. Adlige und Patrizier schickten ihre Söhne auf Bildungsreise, Kaufleute ihre Abgesandten in ferne Kontinente, um neue Handelsgebiete zu erschließen. Missionare, von den Jesuiten bis zu den Labadisten, schwärmten aus. Abenteurer suchten Eldorado in den Tropen.

Doch nun wollte eine Frau aufbrechen zu einer gefährlichen Reise, ohne männliche Begleitung und gar nur, um Insekten zu erforschen. Die Schilderung von Tochter und Schwiegersohn, über das mörderische Klima, die tödlichen Krankheiten und die giftigen Insekten konnten sie so wenig abschrecken wie die Briefe der Labadisten – Auswanderer, die aus der Plantage Providentia, die Gouverneur Sommelsdijk ihnen zur Verfügung gestellt hatte, zurückkehrten. Die Wilden, wie sie die Eingeborenen nannten, seien feindlich, ihre Sprache bestialisch wie ihre Sitten, die Sklaven, die sie unchristlicherweise besaßen, verweigerten die Arbeit, wenn sie gut behandelt wurden, so daß man sie prügeln mußte, wie es die Siedler seit eh und je handhabten. Die Köchin der Plantage hatte die Lügen der dortigen Labadisten-Führer angeprangert und ihre Anschuldigungen auch auf ihrem Totenbett nicht zurückgenommen.

1686 begann der Rückstrom der Labadisten aus Surinam, und sie mußten sich die Kritik ihrer Führer an ihrer Schwachheit und ihrem Versagen gefallen lassen. Als 1688 Gouverneur Sommelsdijk von den eigenen Soldaten erschlagen wurde, war das Scheitern der Labadisten-Siedler nicht mehr aufzuhalten. Möglicherweise kehrten jetzt auch seine Schwestern nach Amsterdam zurück.

Nach früheren Darstellungen soll die funktionierende Gemeinde der Labadisten in Surinam ein starkes Motiv für Maria Sibyllas Reisepläne gewesen sein. Die Steuerlisten Surinams geben für Providentia 1697 jedoch nur noch sieben Weiße und 61 Sklaven an. 1699–1702, in der Zeit der Reise Maria Sibyllas also, sind die Namen der Labadisten aus den Steuerlisten verschwunden.

Die beiden Frauen würden ohne Anlaufstelle, ohne Schutz und sichere Unterkunft im fremden Land ihre Reise ins Ungewisse antreten. Maria Sibylla wird es gewußt haben.

Die Reise zweier Frauen ohne männliche Begleitung und Schutz in den Urwald Westindiens war für damalige Zeiten so beeindruckend, daß Réaumur schrieb: »Elle affronte les vents, elle brave les flots, Sibylla à Suriname va chercher la nature, avec l'esprit d'un sage et le cœur d'un héros. Ç'a été une éspèce de phénomène, de voir une dame traverser les mers pour aller peindre les insectes de l'Amerique.« Der Medizinprofessor Valentini (1657–1729) aus Gießen erwähnt Maria Sibyllas Surinamreise, ein Jahr vor Erscheinen der »Metamorphosen«, in seinem 1704 in Frankfurt erschienenen Lexikon über das praktische Wissen der Zeit. Auch er konnte sich nicht vorstellen, daß sie aus freien Stücken hinreiste, und schrieb noch im zweiten Band, 1714 erschienen, »daß sie sich mit ihrem Mann dorthin begeben«. Er hatte schlecht recherchiert, denn wir haben gesehen, wann sie sich von Graff getrennt hatte.

Maria Sibylla war sich der Gefahren wohl bewußt, die sie in Surinam erwarteten, denn am 23. April 1699 schloß sie bei dem Amsterdamer Notar Samuel Wijmer ein Testament ab, in dem sie ihre Töchter zu Erben einsetzte.

150 Jahre später, selbst unter verbesserten hygienischen Verhältnissen, gibt Schomburgk noch folgende Zahlen: Von 400 Deutschen, die 1839 angekommen waren, lebten 1844 noch 20. Von 10 000 Portugiesen waren bei seiner Abreise noch 3 000 am Leben. Die meisten waren an Gelbfieber gestorben, zudem wüteten Wassersucht, Malaria und Ruhr.

Im Juni des Jahres 1699 bestieg sie ein Segelschiff. Die lange Reise ins Ungewisse begann. Begleitet wurde sie von einer ihrer Töchter. Es wurde lange vermutet, daß Johanna Helena, die ältere Tochter, ihre Begleiterin war, da deren Mann mit Surinam Handel trieb. Da im gleichen

Frachtschiff aber der Chirurgius Philipp Hendriks Dienst hatte, der nach der Rückkehr 1701 die jüngere Tochter Dorothea Maria heiratete, wissen wir seit der Forschung von Stuhldreher-Ninhuis, daß Dorothea ihre Mutter begleitete. Da es keinerlei persönliche Aufzeichnungen dieser Reise gibt, halte ich mich an Richard Schomburgk, der 1840–1844 dort forschte. In unserer schnellebigen Zeit sind 140 Jahre ein immenser Abschnitt unglaublicher Veränderungen auf allen Gebieten, doch dürfte sich damals nur wenig verändert haben. Allenfalls wird zu ihrer Zeit alles noch viel schlimmer gewesen sein. Einen Eindruck davon gibt der Bericht des 1618 im Auftrag der VOC segelnden holländischen Kapitäns Willem Ysbrantsz Bontekoe van Hoorn. Eine Seuche brach an Bord aus, zwang zu Zwischenaufenthalten, die wegen Auseinandersetzungen innerhalb der Mannschaft und mit Eingeborenen vorzeitig aufgegeben werden mußten. Dann, um die Mannschaft bei Laune zu halten, spendierte er eine doppelte Portion Rum. Mit dem Licht einer Kerze tappte der Maat in das Luk. Beim Rumschöpfen fiel ihm die Kerze ins offene Faß. Nun läuft, vom Kapitän minutiös beschrieben, die Katastrophe ab. Am Ende flog die Ladung, 300 Faß Pulver, und mit ihr das Schiff in die Luft. Einige wenige retten sich auf ein Boot. Aus ihren Hemden nähen sie ein Segel, irren über den Ozean, trinken ihre eigene Pisse, essen rohe Fische, schmieden schließlich, an den Rand des Wahnsinns getrieben, den Plan, den Schiffsjungen aufzuessen. Der Kapitän erwirkt Aufschub, wie durch ein Wunder gelangen sie, bevor sie zu Kannibalen werden, an eine Küste. Doch jetzt werden sie Opfer eines Überfalls, erreichen wunderbarerweise doch noch ihren Zielhafen.

Über das Innere eines Schiffes, die räumliche Enge und die wenigen Habseligkeiten, die man mitführen durfte, kann ich mir seit meinem Besuch im Schiffahrtsmuseum in Amsterdam eine Vorstellung machen.

Nun also in Maria Sibyllas Fußstapfen nach Surinam.

Die Reise nach Surinam

Im Juni 1699 verläßt das Schiff den Hafen. Schon vor Tagesanbruch weckt sie das rege Leben und Lärmen auf dem Deck, das taktmäßige Singen der Matrosen, unter welchem sie den Anker lichten.

So günstig der Wind bei der Abreise gewesen war, so ungünstig wurde er nach wenigen Tagen. Bald türmten sich die Wellen auf, das Schiff wurde unruhiger, und rasch fühlte sie jene bangen Empfindungen, die dem Ausbruch der Seekrankheit vorausgehen, als sie dem blassen Gespenst auch schon unterlag. Zehn qualvolle Tage lag sie meist ohne alle Besinnung, ohne irgend etwas genossen zu haben. Der Zustand ist gräßlich. Den schweren dumpfen Druck im Kopf, das beengte und doch gesteigerte Atmen in der Brust, die schmerzhaften Krämpfe des Magens, jenen fortwährenden Durst, jenes ewige Wünschen der Seele, in welchem sie alles, alles für eine einzige Stunde Aufenthalt auf festem Boden hingäbe. Unerträglich ist inzwischen die stickige Luft in der engen Kabine, Wanzen und Flöhe rauben den Passagieren den Schlaf, dazu das Stampfen der Maultiere an Deck, das Grölen der Seeleute bis spät in die Nacht. Am zehnten Tag endlich wieder auf Deck: Vergebens sucht das Auge das feste Land, doch Seemöwen, die das Schiff umschwärmen, verkünden, daß sich nicht allzufern die Küste hinziehen muß.

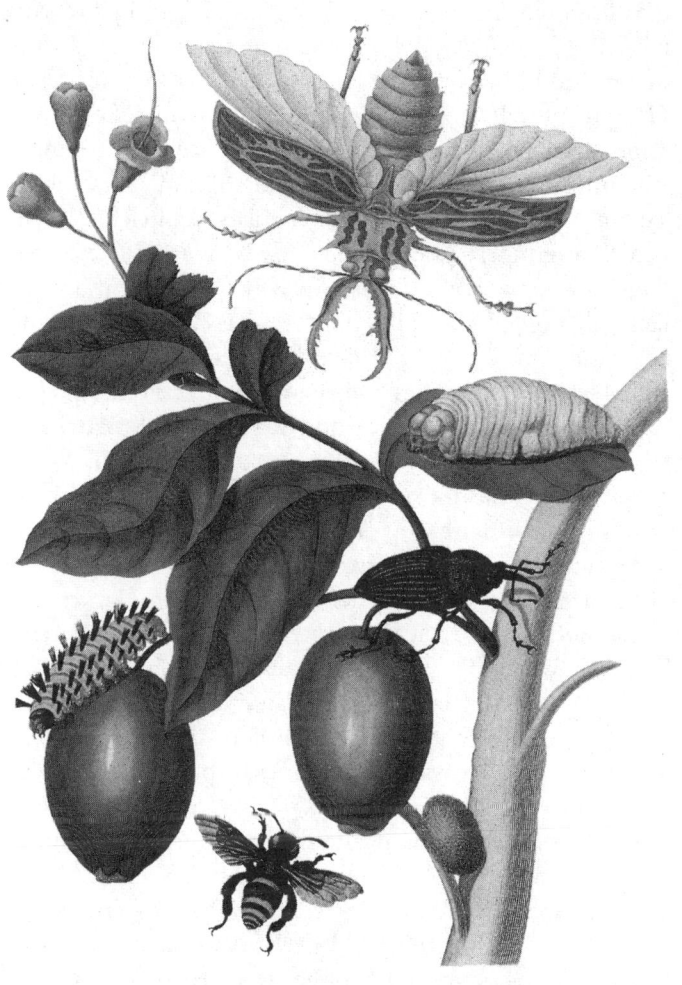

Tabroubabaum; oben: Hirschbock-Käfer;
Mitte: Palmbohrer-Käfer; unten: Surinam-Hummel

So sehr sie die frische Seeluft erquickte, die sie jetzt gegen die dumpfe, übelriechende Atmosphäre der Kajüte vertauschte, so war sie doch gezwungen, den verhaßt gewordenen Raum bald wieder aufzusuchen, da sich der ferne Himmel plötzlich zuzog, und einzelne Windstöße zu verkünden schienen, daß sich ein Sturm im Anzug befände. Bis zum Abend blieb noch alles ruhig. Kaum aber mochte sie eine Stunde geschlafen haben, als sie durch die heftigen Bewegungen des Schiffes geweckt wurde. Die ersten Augenblicke waren die schrecklichsten. Der Lärm der ablaufenden Segel, das wilde Getöse, das der losbrechende Sturm in den schlaff herabfallenden Segeltüchern hervorruft, bevor es den Matrosen gelingt, ihrer Herr zu werden, das Rasseln der Ketten und Taue, das jedes Wort verschlingt, dies alles vereint wirkte so auf sie, daß sie in Panik geriet und der festeste Wille weichen mußte. Und unten in der Kajüte flog alles, was nicht niet- und nagelfest war, in den verrücktesten Sprüngen von einer Seite zur andern, und glücklich der, der mit blauen Flecken bedeckt, endlich sein Ziel erreichte. Der Sturm wütete vier Tage. Es waren dies wahre Tage des Schreckens. Doch am vierten Tag heiterten sich der Himmel und die Mienen der Reisenden wieder auf. Man befand sich in der Breite von Madeira. Hier war der letzte Ankerplatz vor der längsten Etappe der Seereise. Die zerfetzten Segel, das gebrochene Bugspriet konnten hergerichtet werden, und man versorgte sich mit Proviant und frischem Wasser. Jeder suchte seine Sommerkleider aus den Kisten. Das Deck wurde jetzt zur Wohnung. Das Wasser hatte eine zarte Indigofärbung angenommen, ganze Herden von Delphinen tauchten plötzlich über dem Meeresspiegel auf, selbst einige Seeschwalben begleiteten noch das Schiff, die sich dann und wann ermüdet auf die Segel niederließen, um auszuruhen. Schon hatte man die Höhe der Canarischen Inseln erreicht, da steigerte sich die Begeisterung bei einbrechender Nacht, wenn sich der Himmel mit zahllosen Sternen und gleich zahllosen Sternschnuppen über den Reisenden ausspannte, der Mond mit seinem Licht die halbdurchsichtigen Ränder der leicht gekräuselten Wellen säumte und das Schiff in einem sprudelnden Feuermeer zu schwimmen schien. Die ganze weite Fläche wimmelte von größeren und kleineren leuchtenden Kugeln. Am Tag dagegen zogen die ungeheuren Massen von Tang, die das Schiff umgaben, die Aufmerksamkeit auf sich. Je mehr das Schiff sich dem Wendekreis näherte, desto schwüler wurde es, das Wetterleuchten nahm zu, in gedankenschnellem Flug kreuzten zahllose Sternschnuppen das Himmelsgewölbe, bald erhob sich das herrliche Sternbild des tropischen Himmels, das Kreuz des Südens, während der bisher leitende Polarstern in die Tiefe hinabsank. Herden fliegender Fische erhoben sich dicht geschlossen mehrere Fuß über das Meer, um dem sie verfolgenden Thunfisch zu entrinnen, und fielen nach einem Flug von 20 bis 50 Schritten wieder in ihr Element zurück oder auf das Deck.

Bei Tisch – es gab Zwieback, Stockfisch, Erbsenbrei, Gerstensuppe, immer wieder Suppe, Suppe, ab und zu Käse oder Schinken, selten auch ein Glas Weißwein – unterhielten sich die Passagiere mit dem Kapitän über die westindischen Besitzungen, die Pflanzen, das Klima, und so kam man auf die schwarzen Sklaven zu sprechen.

Anstatt in diesem Menschen den Bruder zu erkennen, seht Ihr nur einen Sklaven oder ein Lasttier in ihm, Ihr denkt also und betragt Euch auf eine solche Art und Ihr habt Begriffe von Gerechtigkeit? Eine Moral, eine geheiligte Religion, eine gemeinschaftliche Mutter mit denjenigen, die Ihr so tyrannisch behandelt? Mit glühenden Eisen wird der Namen seines Tyrannen auf seinen Arm oder seine Brust gebrannt. Europa erschallt von moralischen Grundsätzen. Nur das Schicksal der unglücklichen Schwarzen ist uns gleichgültig.

Doch mit ihrem Mitgefühl stieß sie auf taube Ohren, auf Unverständnis und Mißmut gar, und so vermied sie solche Gespräche fürderhin und hörte den Matrosen zu, die von riesigen Meeresungeheuern fabelten, von Kraken, die Schiffe in die Tiefe rissen, und von Meerjungfrauen, die mit ihrem Gesang die Männer betörten.

Das Wasser hatte jetzt eine trübe, gelbbraune Färbung angenommen, dann in der Ferne zahlreiche Scharen Seevögel. Der anbrechende Morgen fand alle auf Deck versammelt, da tauchte plötzlich am Horizont, gleichsam noch im Nebel schwimmend, ein schmaler, dunkler Saum auf, bis endlich die Küste selbst, mit dichten Laubmassen bedeckt, scharfbegrenzt auftauchte.

Bald darauf lief das Schiff in die Mündung des Surinamflusses ein. Eine Menge Boote, Fischerkähne, Schaluppen, Schoner, selbst zwei Barken, drängten sich im bunten Gewühl der Mündung, während die undurchdringliche tropische Vegetation den Blick auf die Ansiedlung noch verhüllte. Doch bald sah man die Schornsteine der Siedehäuser der am Ufer liegenden Zuckerplantagen, bis sich endlich die Koloniestadt, eingefaßt von Masten der Kauffahrteischiffe, Schoner und Schaluppen vor den Ankömmlingen ausbreitete. Die Bemannung der Küstenfahrer bestand größtenteils aus halbnackten Schwarzen und Farbigen, die mit dem Ausladen der Landesprodukte beschäftigt waren.

Die Stadt bietet das Ufer entlang nichts als eine ununterbrochene Fassade auf Pfählen erbauter Werften mit mächtigen Kränen, Pack- und Warenhäusern. Schlanke Kokospalmen verbergen die übrigen Teile der Stadt mit den von Hunderten kleiner Sklavenhäusern umgebenen Wohn- und Siedegebäuden der Plantagen. Die Straßen sind breit und von Kanälen durchschnitten, die hölzernen Häuser, die sich längs derselben hinziehen, selten über zwei Stockwerke hoch, von einer Reihe Palmen beschattet, während jedes ein Garten umschließt, der durch einen Kanal von dem des Nachbarn getrennt wird.

Die dreimonatige, beschwerliche, aber auch schöne Reise war zu Ende.

Über die eigentliche Entdeckung Guyanas, dreigeteilt in Französisch- und Englisch-Guyana sowie Surinam, herrscht Uneinigkeit. Die ersten namhaften Kolonisationsversuche sind jedenfalls seit 1581 von den Holländern ausgegangen, obschon die Spanier den ganzen Küstenstrich bereits früher vereinzelt bewohnt haben müssen, da die Holländer Spuren ihrer Bodenkultur und Häuser vorfanden. Bereits 1586 bis 1596 hatten die Holländer dort mehrere Niederlassungen, von denen sie jedoch 1596 von den Spaniern mit Hilfe der Indianer vertrieben wurden. Dadurch nicht abgeschreckt, gründete Jost van der Hooge eine neue Kolonie, die er Nova Zeelandia nannte. Er hatte am Surinamfluß bereits eine Kolonie unter dem englischen Kapitän Marshall vorgefunden, der sich an der Stelle eines früheren, großen Indianerdorfes, Parmubo, heute die Hauptstadt Paramaribo, mit 60 Gefährten angesiedelt hatte. Sie hatten jedoch wegen der häufigen Überfälle der Cariben wieder aufgeben müssen.

1621 verpflichteten sich die Generalstaaten, die Kolonie mit Sklaven aus Afrika zu versorgen, womit die Kolonie ihren Aufschwung nahm. Sie mußten in diesem mörderischen Klima mit Schaufeln und Hacken die Entwässerungskanäle graben, die die Sümpfe trocken legten und auf denen der Güter- und Personenverkehr ablief.

Damit begann ein grenzenloses Elend. Zur Zeit der holländischen Kolonisation wurden 300 000 Sklaven aus ihrer afrikanischen Heimat nach Guyana verschleppt. Für geringste Vergehen wurden sie grausam bestraft. Dokumente belegen, daß man sie an glühendheiße Siedekessel gebunden oder ihnen Fleischhaken durch die Rippen getrieben hat, um sie daran an Bäumen aufzuhängen. Einer hat drei Tage, ohne zu klagen, gehangen, bis er starb, berichtet John Stedtmann, den wir in Amsterdam im Museum kennengelernt haben. Öffentliches Auspeitschen, das Abschneiden von Ohren und Nase wurden angewandt. Viele flüchteten vor der Quälerei in die unzugänglichen Urwälder, wo ihre Nachkommen heute noch an Flußläufen leben.

Man hat Guinea (Afrika) jährlich 80 000 seiner unglücklichen Kinder entrissen, und nur ein Achtel von ihnen ist in der Neuen Welt angekommen. Die Provinz Holland nimmt einigen Anteil an diesem schändlichen Gewerbe, schrieb Diderot in seiner »Geschichte beider Indien«.

Ihre menschenfreundliche Haltung auch den Sklaven gegenüber sollte Maria Sibylla bei den Pflanzern einigen Ärger bereiten.

Nun bezogen die beiden Frauen, die nicht ohne Verwunderung und Kopfschütteln von den holländischen Siedlern empfangen wurden, ein kleines Holzhäuschen nebst Garten am Stadtrand, das ein reicher Plantagenbesitzer ihnen zur Verfügung stellte. Endlich konnte ausgepackt werden, was zur Arbeit nötig war: die Schachteln und Gläser, Malutensilien, Pergamente, Präpariergeräte, vielleicht sogar ein Mikroskop und das eine oder andere mitgebrachte Buch. Dann wurde die Umgebung erkundet.

Was für ein unendlicher Zauber, der Morgenduft der Tropen, aber welch ein Gegensatz auch zu den heimischen Tälern, Bergen und Ebenen. Die Üppigkeit der fremden Vegetation: die Gärten mit ihren Orangenbäumen, große Sträucher blühender Oleander, Jasmin- und Hibiskusbüsche mit ihren großen roten Blüten, Passifloren, die die Stämme und Äste der Bäume in schwebende Blumenbeete verwandelten. Der fremde Geschmack der tropischen Früchte, der Orangen und Ananas. Und abends der zirpende, schwirrende und schrille Chor zahlloser Zikaden und Grillen, der vom Mond beschienene Nebel, der die ganze Umgebung in einen halbdurchsichtigen Schleier einhüllte und der von Tausenden leuchtenden Insekten durchkreuzt wurde, und aus den ferneren Stadtteilen die wilde, lärmende Musik, der klagende Gesang der Sklaven. Und wie sehr vermißten sie die Stunden der Abenddämmerung. Hier gibt es keine Vermittlung zwischen Tag und Nacht, scharf geht der Tag in die Nacht über. Trunken von Eindrücken suchen sie spät die Hängematten auf, ohne Ruhe zu finden, da durch die Ritzen Schwärme blutgieriger Moskitos Einlaß finden.

Schnell hat sich die Kunde vom Eintreffen zweier Frauen verbreitet. Einladungen müssen angenommen werden. Die ersten Tage vergehen wie im Fluge. Doch bald geriet Maria Sibylla mit den Zuckerbauern, die sich über ihre nutzlosen Forschungen lustig machten, in erste Konflikte. Ihre Beschützerinnen, die Sommelsdijk-Schwestern, wenn sie überhaupt noch hier waren, lebten auf einer der am weitesten ins Landesinnere vorgeschobenen Gummibaumplantagen, genannt Providentia. 65 km flußaufwärts gelegen, war Providentia nur über den Surinamfluß zu erreichen. Schutz hatte sie auch durch die Erben des mit Sommelsdijk Jahre zuvor erschlagenen Militärbefehlshabers Laurens Verboom. Der unerträglichen Hitze wegen zogen die beiden Frauen frühmorgens in Begleitung ihrer Sklaven auf selbstgehauenen Pfaden in den undurchdringlichen Urwald, ausgerüstet mit Tropenhelm, Fangnetzen und Körben, um zu beobachten und zu sammeln. Nur so früh konnten sie die Futterpflanzen vor dem Verwelken bewahren. Manche mußten sie mitsamt der Wurzeln ausgraben, weil deren Blätter schnell hart und ungenießbar wurden und die darauf angewiesenen Raupen eingingen. Nachtfalter, Raupen, Goldkäfer, Leuchtzikaden, Laternenträger, Grillen wurden dann abends, beim flackernden Licht einer Öllampe, präpariert, gemalt und beschrieben. Immer mehr bezog sie in ihre Studien ein, verführt von der Fülle der Natur. Heuschrecken und Spinnen, Schlangen und Frösche, Eidechsen, ja sogar kleine Krokodile wanderten in ihre mit Branntwein gefüllten Gläser. Bald drohte das kleine Häuschen überzuquellen von den Zuchtkästen der Raupen und den Schachteln mit präparierten Insekten. Die Spanschachteln mußten mit Terpentinöl ausgestrichen werden, das feuchtwarme Klima ließ dabei Sorgfalt und Eile geboten scheinen, denn nur zu schnell war alles von einem gelben Schimmel überzogen und verdorben und von Milben aufgefressen.

Die Spannungen mit den Siedlern nahmen zu, nicht zuletzt wegen der humanen Haltung und des Mitgefühls Maria Sibyllas den Eingeborenen gegenüber. So berichtet sie in ihrer persönlichen und schlichten Art (Tafel XLV) über das Los der schwarzen Sklavinnen, die die Flos-Pavonis-Pflanze zur Geburtenkontrolle benützen, deren Samenkörner sie aßen, um den Ungeborenen das Sklavendasein zu ersparen. Selbstmorde waren häufig, und sie erfuhr von den Frauen, daß sie sehnsüchtig glaubten, in ihrer fernen, afrikanischen Heimat als freie Menschen wiedergeboren zu werden.

Maria Sibylla muß eine weitere Sprache gelernt haben. Weiße und ihre schwarzen Sklaven unterhielten sich in einer erst kürzlich entstandenen Sprache, einer Mixtur von Englisch und Creolisch, »Neger-Engels«, d.h. Englisch, genannt. Maria Sibylla spricht in ihrem Surinambuch mehrfach von ihren Sklaven. Sie erwähnt einen indianischen Mann, eine indianische Frau, eine schwarze Sklavin, die ihr Pflanzen und Insekten brachten. Sie erfuhr, daß geflüchteten und wieder eingefangenen Sklaven die Achillessehne durchtrennt wurde. Nach einer zweiten Flucht wurde das rechte Bein amputiert. Als mildere Strafe galt das Aufhängen an den Händen, wobei sich sämtliche Sklaven nacheinander an die Beine hängen mußten.

Ihre Schilderungen klingen einfühlsam, weit entfernt von denen der Labadisten-Siedler und deren Erwähnung der tierischen Sprache und Sitten der Sklaven und Eingeborenen.

Im April 1700 brach sie zur Gummi und Zuckerplantage Providentia auf. Dort hatte sie vor den engstirnigen Pflanzern Ruhe. Zu Tafel XX schreibt sie: »Im April anno 1700 war ich in Surinam auf der Plantage von Frau Sommelsdijk, genannt Providentia, wo ich verschiedene Beobachtungen an Insekten machte.« 40 Meilen stromauf führte die Paddelreise, und es war Regenzeit.

Jenseits des schmalen Küstensaums herrscht undurchdringlicher Urwald, und so hören alle Wege auf. Dank des unwegsamen Morasts bleiben die Flüsse die einzige Möglichkeit, auf denen der Reisende ins Innere vordringen kann. 65 km Flußfahrt waren nun keine Vergnügungsfahrt. An einem Tag würde man es kaum schaffen. Also mußte das Boot, etwa acht Meter lang und aus einem Baumstamm gefertigt, nicht nur mit den zum Sammeln und Malen nötigen Dingen, sondern auch mit Proviant, auch für die eingeborenen Ruderer, beladen werden.

An seiner Mündung glich der Fluß einem mit waldigen Inseln übersäten Binnensee. Zunächst trieb sie die eintretende Flut noch langsam stromaufwärts. Später dann ließen die Kraft und Gewandtheit der Ruderer das Boot pfeilschnell durch die Wellen gleiten. Die Augen und Ohren der Eingeborenen blieben für das schwächste Geräusch, die geringste Bewegung offen, wobei man auf ihren Gesichtern eine tiefe Schwermut erkennen konnte. Die Erinnerung an ihr früheres Leben in Freiheit hatte das Lächeln von den Gesichtern vertrieben. Immer seltener wurde die Küstenvegetation. Bisher nie gesehene Pflanzen fesselten den Blick. Als sich die Sonne bereits hinter den Wipfeln der Bäume zu verbergen begann, sahen sie sich nach einem sicheren und trockenen Platz zur Landung um. Gemeinhin sind die Ufer sumpfig und niedrig. Endlich langten sie ermattet an einer lichten Stelle an: ein kleiner Hügel, der sich unmittelbar am Ufer erhob und auf dessen Scheitel mehrere Hütten standen. Kein menschlicher Laut war zu hören. Eigentlich waren es nur ein paar nach allen Seiten hin offene Schutzdächer, die mit Palmwedeln gedeckt waren und auf sechs Pfählen ruhten, die durch Querbalken verbunden waren und an die ihre unsichtbaren Bewohner ihre Hängematten gebunden hatten. Koch- und Jagdgeräte lagen oder standen umher. Noch war man mit dem Ausladen des Bootes beschäftigt, als mehrere Indianer, der Häuptling mit seinem Stab an ihrer Spitze, sich vor den Hütten aufgestellt hatten. Sie waren von kleiner, untersetzter Statur, mit einem bunten Schurz um die Lenden gekleidet. Bald war das Ausladen beendet, ein tüchtiges Feuer angezündet und ein Mahl von Yams, Papaya, allerlei Wurzeln und Kräutern bereitet. Nachdem auch nicht das geringste übriggeblieben war, versuchte man in der ungewohnten Umgebung zur Ruhe zu kommen.

Eben war die Sonne aufgegangen, als Maria Sibylla erwachte und noch zu träumen glaubte. Tausende von Vogelstimmen schlugen an ihr Ohr, verklangen in weiter Ferne und näherten sich wieder, und schon schauten Frauen und Kinder mit zahmen Affen und Papageien auf den Schultern neugierig in ihre Hütte. Bald herrschte überall regste Tätigkeit. Hier saßen ein paar Frauen und schabten Manihotknollen, indessen eine andere die schon gereinigten Knollen auf einem europäischen Reibeisen rieb. Vor den Hütten wälzten und balgten sich die Kinder im Schmutz, die Hausherren aber lagen baumelnd in den Hängematten und sahen mit gleichgültiger Miene zu, wie die Frauen sich plagten.

Nun wurde es Zeit, das Boot wieder zu beladen und aufzubrechen. Die Fahrt wurde beschwerlicher. In den Fluß gestürzte Bäume hinderten des öfteren am Weiterkommen, das eingeengte Sitzen im Boot und Scharen von Moskitos quälten die Reisenden. Bei eintretender Dämmerung erhellten Tausende leuchtender Insekten die Luft, das Zirpen der Grillen und das Quaken der Frösche oder das Plätschern eines aufspringenden Fisches durchdrangen noch den Abendschleier über dem Fluß, als die Plantage endlich in Sicht kam.

Am nächsten Morgen der erste Rundgang in der

neuen Umgebung: In dem üppigen Gemüse- und Fruchtgarten, der das Wohnhaus umgab, wuchs neben europäischen Pflanzen, die unter diesem fremden Himmel eine in der Heimat nie gekannte Vollkommenheit erreichten, die hier heimische Ananas in wahrer Riesengröße, so daß die schwachen Stengel die großen goldenen Früchte nicht zu tragen vermochten und gestützt werden mußten. In den Guajavabäumen hatte sich die Vogelspinne ihren Wohnsitz gewählt, und fast an jeder Pflanze sah man das kleine mousselinartige, dicke Gespinst mit dem häßlichen Bewohner. Auf Tafel XVIII hat sie sie abgebildet. Sie schreibt: »Solch große schwarze Spinnen habe ich viele auf den Guajavabäumen gefunden. Sie wohnen in einem solchen runden Nest. Sie spinnen keine langen Fäden, wie es uns einige Reisende glauben machen wollen. Sie sind rundum voller Haar und haben scharfe Zähne (gemeint sind die zangenähnlichen Mundgliedmaßen), mit denen sie gefährlich beissen können und dabei lassen sie gleichzeitig eine Flüssigkeit in die Wunde fliessen. Ihr gewöhnliches Futter sind Ameisen, die ihnen nicht entgehen, da diese Spinnen (wie alle anderen) acht Augen haben. Sie holen auch die kleinen Vögel aus den Nestern und saugen ihnen alles Blut aus den Körpern. Sie häuten sich von Zeit zu Zeit wie die Raupen.« Auf der Tafel findet sich eine Vogelspinne abgebildet, die gerade über einem Kolibri kauert und ihn aussaugt.

Das hat ihr später einige Kritik eingetragen. So hat Hermman Burmeister, einer der späteren Kritiker, 1854 bestritten, daß Vogelspinnen Kolibris überwältigen können. Ein Henry W. Bates wiederum behauptet, selbiges selbst beobachtet zu haben. Die Diskussion bewegte die Gemüter noch 150 Jahre später, als Schomburgk schreibt: »Daß die Spinne selbst Colibris verzehrt, muß ich bezweifeln, da ich davon in ihrem Raubschloss keine Spur, auch nicht eine Feder, gefunden habe.«

Interessant ist, daß im Leningrader Studienbuch eine Vorlage zur Tafel mit einer Vogelspinne vorhanden ist (Nr. 224), wobei deren Darstellung nicht von der Merian selbst stammt, sondern von ihrem Stiefvater Morell. »Jacob Marrel fecit ao 1645 a Leyden...«, sagt die Zeile am unteren Bildrand. Vor ihrer Geburt vom späteren Stiefvater gemalt, ist das Bild auf sie gekommen und fünfzig Jahre nach der Entstehung noch in ihrem Besitz.

Nach ihren eigenen Angaben im Surinambuch drangen sie zudem für einen Monat auf dem Wasserweg zur Maniok- oder Cassavaplantage des Militärkommandanten van Vreedenburg am Cramacakreck vor, ein Fleck, der heute Carmawippibo genannt wird.

Flußaufwärts im Indianerkanu, von Eingeborenen gerudert, vorbei an Sandbänken, die bevölkert waren von unzähligen Wasservögeln, die bei eintretender Ebbe von der Küste hereilten. Herrliche Flamingos und rosenrote Löffelgänse durchwateten die seichten Stellen auf Nahrungssuche, die Reisenden im Auge behaltend, dichte Haufen Brachvögel, Regenpfeifer und Schnepfen, gewaltige Scherenschnäbel in Reih und Glied unmittelbar über der Wasseroberfläche fliegend und mit ihrem Schnabel das Wasser durchpflügend, während sich verschiedenartigste Enten leicht auf den Wogen schaukeln ließen. Die Ufer waren gesäumt von Palmen, an deren Stämmen sich betörend duftende Vanille mit weißen Blütenrispen emporschlang und vereint mit den herrlichsten Begonien und Passionsblumen den Wipfel erreichte. Gelb- und rotflammende Allamanda überzog das Gebüsch der Ufer mit ihren großen Blüten. Orchideen hatten sich die Stämme alternder Bäume ausgewählt, aus deren Zweigen die scharlachroten Blüten leuchteten und Wohlgeruch verströmten. Das Auge, das einen Moment vorher noch die Blüten bewundert hatte, sah im nächsten Augenblick einen Topas darüber schweben, bis dieser ebenso gedankenschnell an einer anderen Blüte zitternd und flimmernd Nektar saugte. Tausende kreischender Papageien zogen einem Ziel zu. Mit jedem Ruderschlag zeigten sich neue Perspektiven.

Nun geriet die Plantage ins Blickfeld. Unweit der Landungsstelle erhob sich auf einem Rasenplatz, der umsäumt wurde von Kohlpalmen und Orangenbäumen, die mit Früchten überladen waren, das große, von einer offenen Galerie umgebene weiße Wohnhaus, das im Halbkreis von einer dichten Hecke Hibiscus eingeschlossen wurde. Etwas abseits standen die Vorrats- und Siedehäuser, an die sich, längs des Flußufers, in langer Reihe die Wohnungen der Schwarzen anschlossen. Dahinter erstreckten sich die weiten Felder. Nun fuhr man in den eine Meile langen, schnurgeraden Kanal ein, der von Seerosen bedeckt war und der zu den Wohngebäuden führte. An Land schien große Aufregung zu herrschen. Und dann sahen sie es: Ein Heer von Wanderameisen hatte das Haus wie mit einem schwarzbraunen, beweglichen Teppich überzogen. Mit Besen mußte man dem Besuch den Weg freikehren. Ansonsten konnte man nur warten, bis sie den Rückmarsch antraten. Da sie keine Pflanzen, aber alle Insekten, selbst kleinere Amphibien vernichten, sind sie nicht einmal ungern gesehen. In endlosen Zügen kommen sie aus dem Urwald hervor und verschwinden dort ebenso plötzlich wieder. Tafel XVIII zeigt sie.

Dann begann endlich die Forschungsarbeit. Auf einem von Frederik Ottens gestochenen Titelkupfer zur zweiten lateinischen Ausgabe des Surinamwerkes von

Farbenprächtiger Großer Atlas mit wilder Wespe

1719 und bei Jean Bernard 1730 sehen wir sie beim Schmetterlingsfang, während ihre Tochter das gesammelte »Ungeziefer« ordnet. Präzise malt sie ihre Studien auf Pergamentstückchen, um Vorlagen für die spätere Bearbeitung zu haben. All das ordnet sie in ihrem »Journal«, dem bereits erwähnten Band aus der Leningrader Bibliothek.

»Daß ich noch mit dem Leben davongekommen«: Die Heimkehr

Eine Krankheit – in der Literatur werden Gelbfieber, Malaria oder Ruhr genannt – schwächte die inzwischen Vierundfünfzigjährige so sehr, daß sie früher als geplant die Heimreise antreten mußte. Wahrscheinlich war es Gelbfieber.

Wohl und munter legte sie sich am Abend in ihre Hängematte. Gegen Morgen weckte sie ein dumpfer, drückender Kopfschmerz aus dem Schlaf, und da sie hoffte, daß sich dieser bei der gewöhnlichen Morgenexkursion legen werde, trat sie diese so schnell als möglich in Begleitung ihrer Tochter an. Doch kaum war sie etwa eine Stunde vom Haus abwesend, als sie ihre Kräfte immer mehr und mehr schwinden und den Kopfschmerz sich steigern fühlte, wozu sich noch unerträgliche Rückenschmerzen gesellten. Mit letzten Kräften schleppte sie sich nach Hause, gestützt von ihrer Tochter, warf dort die gesammelten Exemplare der Exkursion von sich und legte sich in die Hängematte, in welcher sie die Tochter bereits halb besinnungslos in der fürchterlichsten Fieberhitze fand. Alle geistigen Kräfte waren geschwunden und die folgenden drei Tage ein leeres Intervall im Bewußtsein. Kein Mittel half, das Fieber stieg immer höher, und um die schwindenden Kräfte wenigstens noch in Spannung zu halten, wandte man die kräftigsten Reizmittel an: Der ganze Körper wurde in Eis gepackt und mit in Eiswasser eingetauchten Tüchern umwickelt.

Ungeachtet all dessen, was angewandt wurde, um den Eintritt des letzten Stadiums der Krankheit zu verhindern, trat dieses dennoch am Nachmittag des vierten Tages ein. Mit dem Beginn des anhaltenden schwarzen Erbrechens, das in einer kaffeesatzartigen schwarzen Ausleerung besteht, die die eben beginnende Zersetzung der inneren Teile ankündigt, gaben die Ärzte sie als rettungslos auf. Schon waren der Atem und der Herzschlag nicht mehr zu spüren, als plötzlich das Blut mit solcher Heftigkeit aus Mund und Nase stürzte, daß es erst nach Stunden gelang, dasselbe zu stillen. Dadurch war wieder Hoffnung auf Rettung.

Sie überlebte Mitternacht, und es war seit langem der erste Fall, daß ein vom gelben Fieber bis zum schwarzen Erbrechen Befallener dank der guten Konstitution und der aufopferungsvollen Pflege gerettet wurde. Die Tochter war weder bei Tage noch bei Nacht vom Bette gewichen, bis sie endlich die feste Überzeugung gewonnen hatte, daß alle Gefahren hinter der Kranken lagen. Durch sie erfuhr Maria Sibylla, daß sie Gelbfieber gehabt hatte, und davon überzeugte sie auch der erste Blick in den Spiegel: Ein zitronengelber, hohläugiger Kopf mit glanzlosen Augen sah sie an, selbst das Weiße des Auges hatte diese Färbung angenommen.

Die Rekonvaleszenz erfolgte genauso schnell wie zuvor die Entwicklung der Krankheit. Nach vier Wochen war sie soweit zu Kräften gekommen, daß die Heimreise, wenn auch früher als geplant, angetreten werden konnte. Mit ihr und ihrer Tochter gingen an Bord der »Frieden« die junge Laurentia Maria Verboom und – ihre indianische Sklavin. Diese überraschende und bisher unbekannt gebliebene Begleitung erwähnt Natalie Zemon Davis in ihrem Porträt der Maria Sibylla Merian.

Die letzte datierte Aufzeichnung aus Surinam stammt vom 11. Juni 1701. Die nächste vom 27. Juni ist schon auf dem Schiff geschrieben. Nach drei Monaten Seereise trafen Mutter und Tochter am 23. September wieder in Amsterdam ein.

Ein unglaublich reicher Ertrag von Bildern, Notizen und gesammelten Tieren war die Ernte dieser mutigen Reise. Die Amsterdamer strömten ins Stadthaus, das Bürgermeister Witsen für die Ausstellung zur Verfügung gestellt hatte. Vor rund fünfzig Jahren waren Albert Eckhout und Frans Post aus Brasilien zurückgekommen, wo sie im Dienst des Prinzen Moritz von Nassau-Siegen (1604–1679), des damaligen Generalgouverneurs der WIC, gesammelt, Landschaften, Tiere, Menschen und Pflanzen gemalt hatten. Seither hatte man aus der Neuen Welt keine derartig vielfältigen Eindrücke mehr zu sehen bekommen. Diese Sammlung übertraf an Umfang, Frische und Schönheit alles Bisherige. Trotz geschwächter Gesundheit und allerlei Trubel machte sich Maria Sibylla Merian an die Arbeit an ihrem Hauptwerk.

Im Jahr der Rückkehr, am 2. Dezember, heiratete ihre Reisebegleiterin Dorothea den Chirurgen Philip Hendriks aus Heidelberg. Danach mußte sie innerhalb Amsterdams zweimal umziehen. Der Absendervermerk auf ihren Briefen läßt uns darauf schließen. Sie wohnte zunächst »in der Spiegelstraat im Haus zum Rosenzweig zwischen der Kerkstraat und der Prinsengracht« (Brief Nr. 9 bei Stearn/Rücker), dann in »der Kerkstraat über der Passage zum Schwan bei der Spiegelstraat« (Brief Nr. 16).

Durch die kostspielige Reise war sie ohne Mittel und mußte sich dringend nach Einnahmequellen umsehen. Sie hatte die Erfahrung machen müssen, was es bedeutete, als Frau auf Forschungsreise zu gehen. Andere Forscher waren im Auftrag und unterstützt von Fürsten, naturwissenschaftlichen Gesellschaften, auch im Auftrag der VOC und WIC gereist, die auch die Veröffentlichung der Reiseberichte unterstützten. Eine ohne Mann reisende vierundfünfzigjährige Frau war eine zu unsichere Investition. In einem Brief vom 8. Oktober 1702 an Johann Georg Volkamer teilt sie mit, »ferner habe ich gegenwärtig noch die Gläser mit Liquor, ein Krokodil und vielerlei Schlangen und andere Tiere, wie auch zwanzig Schachteln mit allerhand Sommervögeln, Käfern, Kolibris, Laternenträgern oder in Indien genannt ›Leyermann‹, von wegen ihres Geläutes, so sie von sich geben, und andere Tiere, die zu verkaufen sind, wann der Herr solche begehrt, so beliebe er zu ordinieren.«

Sie bot ihre Sammlungen zum Verkauf an, um ihre leere Kasse wieder aufzufüllen. In diesem Brief erwähnt sie beiläufig einen Auftrag, an dem sie arbeitet. Genaueres erfahren wir von Zacharias Conrad Uffenbach, einem jungen Frankfurter Kaufmann und späteren Bürgermeister, der über seinen Besuch am 23. Februar 1711 bei ihr in Amsterdam in seinem 1754 erschienenen Buch »Merkwürdige Reisen durch Niedersachsen, Holland und Engelland«, dritter Teil, berichtete. Sie zeigte ihm »einen dicken Band, da sie alle die Sachen, so Rumphius beschrieben, nach dem Leben gemahlt hat.« Soll heißen, sie malte Muscheln, Schnecken und Kerbtiere, die Rumphius auf Amboina gesammelt hatte. Dort, auf den Molukken, war er Unterstatthalter der VOC gewesen. 1674 hatte er sieben von zwölf Bänden seines Werkes unter großen Mühen, er war 1669 erblindet, fertiggestellt. Neben vielen anderen Schicksalsschlägen brannte dem armen Mann

1687 auch noch seine Bibliothek nieder. Manuskripte und schlimmer noch, die Abbildungen waren verloren. Nun mußten die Objekte in Naturalienkabinetten erneut zusammengesucht werden. 1705 erschien seine »Amboinsche Raritaeten-Cammer«. Maria Sibyllas Mitwirkung wird darin nicht genannt.

In Leningrad finden sich 42 Blätter der Merian, die als Vorlage für das aus 60 Tafeln bestehende Werk gedient hatten. Hunderte aneinandergereihte Schnecken, Muscheln, Krebse, Seeigel, Seesterne, die man ihr, ohne die Notiz Uffenbachs, nie und nimmer zugeschrieben hätte. Eine wahre Fronarbeit, die sie selbst nie genauer erwähnt hat. Bei ihrer Liebe zum Lebendigen können wir ermessen, wie sie litt. Am meisten vielleicht bei den Mangandendriten, Achaten, Glasarmringen, Steinbeilen – unbelebter geht es nicht mehr – und dennoch liebevoll, sorgfältig und präzise dargestellt bis in die winzigste Windung der Schneckengehäuse. Muscheln in kühlem, perlmuttfarbenem Glanz, in allen Abstufungen von Rot und Blau, Schattierungen von allem erdenklichen Braun, gefleckt, gepünktelt, gestreift. Die Vorlagen, die Uffenbach gesehen hatte, gelangten nach ihrem Tod ins Archiv der Akademie der Wissenschaften nach Petersburg. Sie sind zugänglich im Faksimileband der »Leningrader Aquarelle«.

Im 18. Jahrhundert war ihre Autorschaft an diesem Werk noch allgemein bekannt. So schrieb Cramer in einem Vorwort zu Fr. Regenfuß »Auserlesene Schnecken, Muscheln«, Kopenhagen, 1758: »Die Abzeichnungen sind so vortrefflich, und von der Tochter des berühmten Merian alle nach den Originalen verfertiget.«

Bei der Versteigerung des Nachlasses von A. Vosmaer, im Jahr 1800, findet sich im Auktionskatalog unter der Nr. 137 ein Exemplar der Erstausgabe der »Rariteitkammer«, »durch M. S. Merian selbst nach dem Leben gemalt und koloriert nach ihren Zeichnungen auf Pergament«.

Ein Hinweis auf ihre Mitwirkung am Werk von Rumphius findet sich aber auch auf dem immer wieder verwendeten Altersbildnis Maria Sibyllas von Houbraken. In der linken unteren Ecke ist ein Kupferstich mitabgebildet: Schnecken, Muscheln, Korallen. Der Hinweis lag all die Zeit vor aller Augen.

Mit dem Erlös dieser Brotarbeit und dem Verkauf ihrer Surinam-Präparate konnte sie nun daran denken, ihr Surinamwerk zu verlegen. Im oben erwähnten Brief an Volkamer hofft sie, in zwei Monaten das Werk vollendet zu haben, eine geradezu unglaubliche Leistung. Nicht einmal zwei Jahre von der Rückkehr bis zur Fertigstellung. Nach ihren in Surinam gemalten Vorlagen mußte sie 60 Aquarelle in Folioformat malen, als Vorlage für die Kupferstiche des Buches. Das Format erlaubte die Abbildung von Pflanzen und Tieren in natürlicher Größe. Drei Stecher beschäftigte sie mit der Herstellung der Kupferplatten, abgezogen auf bestem holländischen Papier. Dazu mußte sie für alle 60 Tafeln den Text verfassen, ebenfalls an Hand ihrer Surinamnotizen. Sie hatte sehr planmäßig und vorausschauend gearbeitet, und das zahlte sich nun aus.

Nicht alle mitgebrachten Vorlagen ihres »Journals« waren in diesem prachtvollen Werk unterzubringen. Deshalb plante sie einen zweiten Band, sollte der Verkauf des ersten zufriedenstellend sein. Im Text zu Tafel IV des Surinambuches spricht sie davon. Dazu kam es leider nicht mehr. Die Aquarelle und Gouachen, darunter ein Kaiman, der mit einer Schlange kämpft, Äffchen, Tukan und Reiher und vieles mehr finden sich heute in der Royal Library in Windsor Castle und sind in dem wunderbaren

Faksimileband, herausgegeben von Stearn und Rücker, zu bewundern. Zwölf dieser Tafeln sind in späteren Auflagen des Surinambuches enthalten.

1702 reiste Johanna Helena mit ihrem Gatten nach Surinam. Die begabte Tochter konnte ihr bei diesem Lebenswerk also nicht helfen, versorgte sie aber mit Nachschub an Präparaten zum Verkauf.

Neben alldem führte Maria Sibylla noch einen umfangreichen Briefwechsel. Im erwähnten Brief an Volkamer erzählt sie von ihrer Krankheit. »Ist im selbigen Land eine sehr große Hitze, so daß man keine Arbeit tun kann, als mit großer Beschwernis, und hatte ich selbe beinahe mit dem Tod bezahlen müssen, darum ich auch nicht länger da bleiben konnte, auch sich alle Menschen verwunderten, daß ich noch mit dem Leben davon gekommen bin...«.

Derartig lapidar berichtet sie über die Todesgefahr, in der sie geschwebt hat.

Sie berichtet ihm von ihrer Arbeitsweise an dem geplanten Werk, dessen Format, und kommt dann auf die zu erwartenden Kosten der Herstellung. Ein Verkauf ihrer Aquarelle scheide wegen des in Anbetracht ihrer Reisekosten hohen Preises aus. Auch sollten möglichst viele das Werk erstehen können. So kommt sie auf den Gedanken einer Subskription, d.h. Vorauszahlung bei Bestellung, willigt gar in eine Ratenzahlung ein.

In einem Brief vom 16. April 1705, wieder an Volkamer, berichtet sie, daß sie neben der holländischen und lateinischen Ausgabe auch eine deutschsprachige plane. Diese wurde jedoch nie gedruckt, da sich nur zwölf Subskribenten fanden. Auch die beiden erschienenen lateinischen und holländischen Ausgaben waren kein Verkaufserfolg. Das Geld für den geplanten zweiten Band kam nicht zusammen. Geradezu unfaßbar. Der Preis für das Wunderwerk betrug damals 15 Gulden, die Kolorierung sollte zusätzliche 30 Gulden kosten. Man stelle sich vor: 60 Tafeln, Stück für Stück mit Pinsel und Aquarellfarben von Hand ausgemalt!

Zacharias Conrad von Uffenbach kaufte ein koloriertes Werk sechs Jahre nach Erscheinen immer noch zum Subskriptionspreis von 45 Gulden.

15 Gulden bzw. 45 Gulden, wieviel Geld war das damals? 1727, ein Jahr nach dem großen Brand Frankfurts, bei dem der größte Teil des Bücherbestandes des Verlags der Merian-Erben vernichtet worden war, verkauften sie die Reststücke. Aus einem Katalog kennen wir die Preise. Für die einzelnen Bände der »Topographie«, z.B. für die »Topographia Austriae«, forderten sie 6 Taler. Das entspricht 12 Gulden oder 720 Kreuzern. Die Währung dürfte in etwa vergleichbar sein, denn in Anbetracht der ruhigen Zeiten gab es keine großen Schwankungen der Preise bzw. der Kaufkraft.

Um die blutleeren Angaben mit Sinn zu füllen: Neun Kreuzer verdiente ein Buttenträger im Weinberg monatlich, bei 16 Stunden täglicher Arbeit. 70 Gulden verdiente ein Infanteriehauptmann monatlich, 50 Gulden ein Lazarettpfarrer. Für 12 Gulden erhielt man 100 Kilo Schaffleisch ohne Knochen oder ein Zuchtschwein, 20 beste Austern oder zwei ganze geschlachtete Kälber, 24 Gänse, 24 Kilo Butter oder 11 Kilo Pfeffer.

15 bzw. 45 Gulden waren also eine Menge Geld. Davon hatte sie allerdings die Papierkosten zu bestreiten, ein Bogen Papier in bester Qualität kostete einen Kreuzer, dazu die Löhne für die Stecher, die Kosten des Ledereinbandes usw. Vielleicht hätte sie doch besser alles einem Verlag übergeben und das Autorenhonorar kassieren sol-

len? Der Autor erhielt etwa zehn Prozent der Auflage an Freiexemplaren oder den Gegenwert in Geld.

Sie muß in großen Geldnöten gewesen sein, über ihre Enttäuschung erfahren wir von ihr aus dem Brief vom 31. Juli 1704 an Volkamer nur: »ich hatte wohl gewünscht, daß noch mehr Einschreiber kommen werden, als bisher geschehen ist, aber patiencya ist ein gut Kräutlein.« Patiencya ist ein gut Kräutlein. Dies könnte als Motto über ihrem gesamten Leben stehen. Wie viele Entbehrungen und Schicksalsschläge hat sie nicht mit großer Geduld und ohne zu klagen überwunden, seit dem Tod des Vaters in ihrem dritten Lebensjahr.

Das wunderbare Meisterwerk:
»Metamorphosis Insectorum Surinamensium«

Doch nun, allen Sorgen und Widerwärtigkeiten zum Trotz, im April 1705 hat sie es geschafft. Das Prachtwerk erscheint. »Das ganze Werk ist getan«, wie sie selbst sagt. Ihre Arbeit hat ihren unbestrittenen Höhepunkt erreicht.

Ein wundervoll dargestelltes, exotisches, heute noch bezauberndes Panoptikum wird da ausgebreitet: Vom Kleinen Atlas präsentiert sich ein Pärchen mit Larve und Puppe und mitten drin eine wundervolle blaue Eidechse in geschmeidiger Bewegung (Tafel XXIII). Auf Tafel XXIV sitzen auf einem Nachtschattengewächs die Raupen des Surinamschen Nachtpfaus und des Indianischen Buschauges. Und wie wundervoll bildfüllend komponiert ist die blaue Traube auf Tafel XXXIV, mit dem Weinschwärmer, nebst Puppe und Raupe. Prallvolles Leben überall. Auf einem Jasminzweig auf Tafel XLVI, man riecht seinen Duft, halten sich Raupe, Puppe und Falter schadlos, unbeirrt von der zusammengeringelten, braungescheckten, züngelnden Schlange. Und wie bizarr erscheinen die Laternenträger, die wie Glühwürmchen aufleuchten können, und die Leierkastenzikaden auf Tafel XLIX, die von den Blüten des Granatapfels angezogen werden.

Sie befindet sich auf dem Höhepunkt ihrer Kunst. Auch dieses Buch unterscheidet sich wieder von seinen

Vorgängern. Die Unterschiede zeigen ihre wissenschaftliche und persönliche Entwicklung.

Auf dem Titelblatt steht diesmal selbstbewußt nur noch ihr Name, nicht mehr »Merians Tochter«. Sie hat die Fußstapfen des berühmten Vaters endgültig verlassen. Ebenso selbstbewußt stellt sie sich im Vorwort neben Mouffet, Goedaert, Swammerdam und Blankaart. Wie bereits beim kleinformatigeren Raupenbuch bringt sie den Text gegenüber der Tafel. Sie benennt Pflanzen und Tiere mit den einheimischen oder Eingeborenennamen. Ihre frühere Nomenklatur, wie z.B. Dattelkern, hat sie aufgegeben.

Die wissenschaftliche, lateinische Benennung der Pflanzen fügt Dr. Commelin, der Chef des Botanischen Gartens, hinzu, der ihr auch bei der lateinischen Übersetzung unter die Arme griff. Manchmal sind seine Kommentare etwas hochmütig. Die Mitarbeit am Werk einer Frau, schon etwas recht Ungewöhnliches...

In den »Metamorphosen« finden wir neben ihrem eigentlichen Thema eine Fülle von Bemerkungen zu verschiedensten Gebieten. Von der Zubereitung von Speisen, über Kultivierungsvorschläge tropischer Pflanzen bis zu ethnologischen Beobachtungen reichten ihre Interessen. Zahlreich finden sich Angaben über die Verwendung der Pflanzen als Heilmittel, die sie von den Eingeborenen erfragte. Hier ist sie ganz modern, interessiert sich doch die pharmakologische Forschung heute verstärkt für diese Nutzung der Tropenwälder.

Über die Baumwolle heißt es: »Die grünen Blätter legen die Indianer auf frische Wunden, um diese zu kühlen und zu heilen. Die Baumwolle wird von den Indianern gesponnen. Sie machen daraus ihre Hängematten, in denen sie schlafen.« Zu Tafel XI: »Dieser Baum wird gespalten, und daraus macht man Sparren. Aus diesen Sparren baut man mit Hilfe von vier Balken, die an vier Ecken in die Erde gesetzt werden, in Amerika die Häuser oder Hütten. Wenn die Blüte abgefallen ist, geht der Zweig nach oben, und die Samenkapsel wird wie ein Stallbesen. Die Bewohner bedienen sich auch derer an Stelle von Besen.«

Über die Papaya schreibt sie: »Der Stamm ist weich wie ein Kohlstrunk, innen hohl. Er wird zu Dachrinnen verwendet, um das Regenwasser aufzufangen.«

Dazu gibt sie Kochrezepte für die Früchte. Über die Banane: »Die Blätter sind mehr als 7 Fuß lang, ein und einen halben Fuß breit und lieblich grün. Man legt dieselben unter das Brot und schiebt dies damit in den Backofen.« Wir erfahren, daß die Indianer aus den Wurzeln der Cassavepflanze Brot backen. Dort abgebildet ist eine Eidechse: »Die Weibchen legen Eier, wozu sie ein Loch in den Sand der Flüsse graben, wo die Sonne sie ausbrütet. Die Indianer essen die Eier, die so groß sind wie Puteneier.« Zum Kaschubaum heißt es: »Der Saft davon frißt Haut und Fleisch weg. Wenn aber dieses Gewächs gebraten wird, so ist es gut gegen Durchfall, es vertreibt auch die Würmer.«

Zum Ölbaum liest man: »Diese Samen kocht man in Wasser. Dadurch löst sich das Öl und schwimmt auf dem Wasser, wo man es abschöpft. Es wird dortzulande gebraucht, um allerlei Wunden zu heilen. Man verbrennt es auch in Lampen...« Tafel XXXVIII erläutert: »Die grünen Blätter werden als Abführmittel und zu Klistieren verwendet. Man kocht sie auch und gibt das Wasser denen, die den Beljak (eine hier vorkommende Krankheit) haben, zu trinken.«

Auf Tafel XXIII erfahren wir etwas über ihre Mitbewohner: »Die blaue Eidechse... hat ihr Nest in meinem Haus in den Boden gebaut... In dem Nest lagen vier Eier, weiß und rund. Diese habe ich auf meiner Reise nach Holland mit aufs Schiff genommen, wo die jungen Eidechsen auf See auskrochen... Doch in Ermangelung ihrer Mutter und aus Mangel an Nahrung sind sie gestorben.«

Kritische Bemerkungen finden sich: »Hier zeige ich amerikanische Kirschen. Wahrscheinlich ließe sich diese Frucht vollendeter kultivieren, wenn das Land von einem arbeitsameren und weniger eigennützigen Volk bewohnt würde.« Und zur Vanille heißt es: »Die Pflanze wächst wild an den höchsten Bäumen. Ihre Verwendung in der Schokolade ist bekannt. Es ist schade, daß es keine interessierten Menschen in diesem Lande gibt, die so etwas kultivieren.« Und noch deutlicher und sehr praktisch orientiert schreibt sie: »Es ist bedauerlich, daß man dort keine Menschen findet, die Lust haben, sie (die Weintrauben) zu kultivieren. Man brauchte keinen Wein nach Surinam zu bringen, sondern man könnte den von dort nach Holland bringen, da die Trauben mehrmals geerntet werden können.« Sie muß ob der Trägheit ihrer Landsleute schier verzweifelt sein. Doch mit solchen Bemerkungen hat sie sich bei den Siedlern unbeliebt gemacht.

So berichtet sie zu Tafel XXXIV: »Ihr Name und ihre Eigenschaften sind in Surinam unbekannt. Die Menschen haben dort auch keine Lust, so etwas zu untersuchen, ja sie verspotten mich, daß ich etwas anderes in dem Land suche, als Zucker. Doch meiner Meinung nach könnte man viel mehr Dinge in dem Wald finden, wenn dieser passierbar wäre. Aber der Wald ist so dicht mit Disteln und Dornen verwachsen, daß ich meine Sklaven mit Beilen in der Hand vorwegschicken mußte, damit sie für mich eine Öffnung hackten, was doch ziemlich beschwerlich war.«

Zu den Sitten der Indianer liefert sie eine Fülle früher ethnologischer Notizen: »Die Mädchen reihen diese (Samen) auf Seidenfäden und binden sie um ihre Arme, um sich damit zu schmücken.« Und später heißt es: »Diese (Samen des Rocubaumes) legen die Indianer zum Weichen in Wasser. Dann weicht die rote Farbe heraus und sinkt auf den Boden. Danach gießen sie das Wasser allmählich ab und trocknen die Farbe. Sie machen damit allerlei Figuren auf ihre nackte Haut, was ihr Schmuck ist.«

Für nahezu alles hatte sie Interesse: »Die Indianer pressen den Saft (der Tabroubafrucht) aus und stellen ihn dann in die Sonne, wo er schwarz wird. Sie bemalen damit ihren nackten Körper mit allerlei Figuren. Diese Verzierung bleibt ihnen neun Tage erhalten. Vorher kann sie mit keiner Seife abgewaschen werden. Die Frucht halten sie für giftig. Mit dem Saft reiben sich die Indianer den Kopf ein, wenn dieser ihnen sehr juckt. Da sie barhäuptig laufen und eine Art fliegender kleiner Tiere ihre Eier ausscheiden, so fallen diese auf ihren Kopf, und daraus werden Würmer (gemeint sind Fliegenmaden). Mit dem Saft töten und vertreiben sie diese Würmer.« Über eigene unliebsame Erfahrungen jedoch hören wir nur recht lapidar »die Raupen sind sehr giftig. Wenn man sie mit der Hand berührt, so entzündet sich diese sogleich, und man erleidet daran große Schmerzen, wie ich es selbst empfunden habe.«

Dafür, wie genau sie Natur und Lebewesen beobachtet, nur ein Beispiel: »Etwa zur gleichen Zeit fand ich an meinem Fenster einen ovalen Lehmklumpen. Diesen öffnete ich und fand darin vier Aushöhlungen. Darin lagen weiße Würmer mit ihren Häuten, die sie neben sich abge-

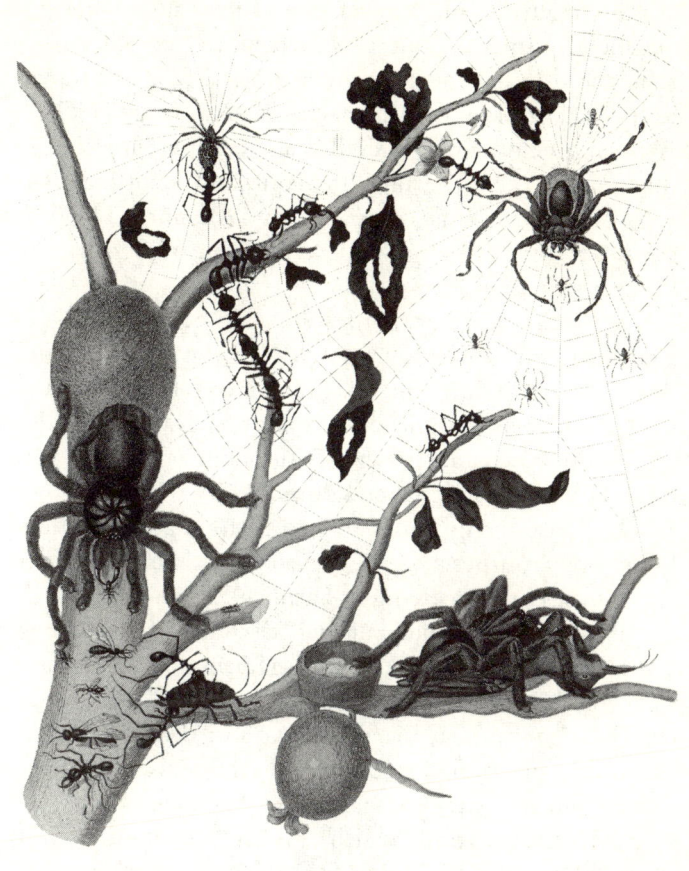

Guajavesbaum, Netzspinnen, Dickkopf- und geflügelte Ameisen,
Larve einer Kakerlake, Vogelspinnen und Kolibri

streift hatten. Am 3. Mai schlüpften daraus solche wilden Bienen oder Wespen, wie ich sie hier fliegend zeige. Von ihnen wurde ich in Surinam täglich geplagt. Wenn ich malte, flogen sie mir um den Kopf. Sie bauten ein Nest aus Lehm, um das Innere vor allem Ungemach zu beschützen. Sie ließen darin ein rundes Loch, um hinein und heraus zu kriechen. Danach sah ich sie täglich kleine Raupen hineintragen, zweifellos als Nahrung für sich und ihre Jungen oder Würmer (gemeint sind Hautflüglerlarven), wie es auch die Ameisen tun. Als mir schließlich diese Gesellschaft lästig wurde, zerbrach ich ihr zu Hause und verjagte sie.«

Den vielleicht interessantesten, auch bei weitem längsten Text finden wir zu Tafel XVIII, der Spinnen und Ameisen beschreibt. Hier verbirgt Maria Sibylla, so Natalie Zenon Davis, möglicherweise in ihrer Darstellung der Vogelspinne schamanistische Rituale, über die sie von ihren Sklaven gehört haben könnte.

Lobpreisungen Gottes halten sich gegenüber dem Raupenbuch in bescheidenem Rahmen, als hätte ihr der Aufenthalt in der Sekte mehr Sachlichkeit beschert. Auch die Insekten als Beispiele für die Unschuld des göttlichen Selbst der Labadisten haben ausgedient. Sie zeigt nun auch die destruktiven und häßlichen Aspekte der Natur, wie die Vogelspinne, die einem Kolibri das Leben aussaugt, oder in ihrer Schilderung eines Ameisenüberfalls, der auf seinem Vernichtungszug alles Leben auslöscht. Im British Museum finden sich aus der Sammlung von Sloane Aquarelle von zwei Schlangen, die miteinander kämpfen, von einem Kaiman, der mit einer Schlange kämpft, von einem Skorpion, der einen Frosch auffrißt, gedacht für einen zweiten Surinamband, zu dem es aus finanziellen Gründen nicht mehr kam. Anstelle der religiösen Sicht der Natur tritt der Sinn für die Fülle, die sie dem Menschen bietet, wäre er nicht so ignorant wie die holländischen Siedler: Sie nennt neue, leicht zu kultivierende Pflanzen wie die Vanille oder Raupen, die zur Seidenzucht geeignet wären. Und sie füllt die durch Gottes Ausscheiden entstandene Lücke mit ethnologischen Beobachtungen, möglicherweise ein an diesem fremden Ort wieder erwachtes Interesse. Der im Zusammenhang mit dem Raupenbuch erwähnte C. Arnold hatte Bücher über heidnische Religionen südamerikanischer Eingeborener geschrieben.

Ethnologische Beobachtungen sind in damaliger Zeit nicht mehr gänzlich neu. Neu ist, daß sie sie in Form der Gespräche mit ihren Sklavinnen berichtet, während bisher Entdeckungen stets mitgeteilt wurden, als seien es eigene, was einen Kritiker zu der Bemerkung veranlaßte, ein Forscher habe eine Purpurfarbe »entdeckt«, während doch jeder eingeborene Fischer an jener Küste die Meeresschnecke kannte, die den Farbstoff liefert. Ja sie berichtet mit gewissem Einverständnis von den – in Europa verbotenen, sündhaften – Abtreibungen, die ihre Sklavinnen ihr offenbarten. Sie war in jener Welt aufgegangen. Kritik übte sie nur an ihren Landsleuten. Gegenüber den Eingeborenen enthielt sie sich jeder Wertung.

Was ist nun von den beiden Frauen zu berichten, einer Schwarzen und einer Arawak-Indianerin, die Maria Sibylla nach Amsterdam mitgenommen haben soll, wie Natalie Zenon Davis in ihrem Buch erwähnt? Fast nichts. Weshalb erwähnt Maria Sibylla nicht ihre Namen, sondern spricht nur von »meine Sklaven«, nennt nicht einmal ihre Stammeszugehörigkeit? Ihre besten Helfer bleiben anonym. Davis vermutet, angesichts der engen Kontakte und der gemeinsamen Kenntnisse über Pflanzen, daß Maria Sibylla Zugang zu magischen Riten und Heilungszeremonien gehabt haben könnte. Berichte hierüber, so könnte sie befürchtet haben, würden ihrem wissenschaftlichen Ruf schaden.

Und dennoch sind sie im Surinambuch anwesend. Um sie zu finden, müssen wir zu Tafel XVIII zurückkehren, zu dem beeindruckenden Bild einer Spinne, die einen Kolibri aussaugt, was Linné später veranlassen sollte, diese Spinne »Vogelspinne« zu nennen. In ihrem Text zur Tafel beschreibt Maria Sibylla, daß Kolibris ansonsten die Nahrung der »Priester«, der Schamanen, in Surinam darstellen, denen es – »so wurde mir berichtet« – verboten ist, andere Nahrung zu sich zu nehmen. Und, so berichtet Davis, der Große Gott der Einheimischen, Anansi, wird als Spinne dargestellt. Maria Sibylla scheint Informationen über religiöse Tabus, Nahrungsverbote und dergleichen Gehörtes abgebildet zu haben. Neben aller Naturbeobachtung zeigt sie uns, so Davis, auf dieser Tafel, wie Anansi sein Futter bekommt, das beste Futter, Nahrung für einen Schamanen. Erklärt das den bis heute bezweifelten Sachverhalt von Spinnen, die Kolibris das Leben aussaugen?

Maria Sibylla ist inzwischen zweiundsechzig Jahre alt und »noch gar munter und eine sehr höfliche und manierliche Frau, sehr künstlich in Wasserfarben zu malen, und gar fleißig«, wie der damals sechsundzwanzigjährige Uffenbach bei seinem Besuch bemerkt. Alles, was er bekommen konnte, kaufte der begüterte und begeisterte junge Mann, so auch die Raupenbücher und etliche Originale. Ihr wird's recht gewesen sein, und wie gewünscht signierte sie ihm die Bücher. Wo mögen sie wohl hingekommen sein?

Das Werk fand größte Anerkennung, und so wuchs auch wieder die Nachfrage nach ihren früheren Werken.

1713/1714 erschien bereits eine holländische Ausgabe des Raupenbuchs Teil I und II. Ein dritter Teil, zu dem das Material größtenteils bereit lag, stand bevor, wie sie im Vorwort ihres Surinambuches mitteilt. Erscheinen sollte es jedoch erst kurz nach ihrem Tod 1717. Alle fünfzig Kupfertafeln hierzu stammen noch von ihr. Nur das Titelkupfer schuf Dorothea.

Vor einigen Jahren erst wurde der Briefwechsel mit dem Londoner Apotheker James Petiver (1663–1718) bekannt. Die Briefe befinden sich in der British Library. Petiver war Sammler, hatte selbst Pflanzenwerke verfaßt, unter anderem über die Heilpflanze Perus. Sieben Briefe aus den Jahren 1703/12 sind erhalten, beginnend mit der Lieferung eines bestellten Raupenbuchs an ihn, am 1.6.1703. Im gleichen Monat schreibt sie ihm vom geplanten Surinamwerk und erklärt sich bereit, bei der Bestellung von hundert Exemplaren, eine englische Ausgabe zu drucken. Auch bittet sie ihn um Rat, ob sie eines der Königin schenken solle und in welcher Sprache. Sie findet es »natürlich, an eine Person gleichen Geschlechts«. Das hätte ihr gewiß Renommee verschafft, doch es kam nicht dazu. Später mußte das englische Königshaus ihre Werke für teures Geld kaufen.

In einem Brief von 1707/08 fragt sie ihn, ob sich in London Verleger finden ließen für eine englische Ausgabe. Die Briefe sind abgedruckt im erwähnten Werk von Stearn und Rücker. Daraufhin hatte sich Petiver als Übersetzer einer englischen Ausgabe angeboten. Neben unrealistischen finanziellen Forderungen bestand er auf einer methodischen Anordnung (er war Anhänger Rumpfscher Reihen-Abbildungen). Er wünschte eine dreigeteilte Ordnung: Reptilien/Schmetterlinge/Nachtfalter bzw. Motten. Wie muß sie sich mißverstanden gefühlt haben. Ihr Gedanke der Entwicklung, des prozeßhaften Werdens, der ökologischen Zusammengehörigkeit war ihm wie auch der damaligen Wissenschaft fremd. Sie war ihrer Zeit zu weit voraus. So sehr sie die englische Ausgabe wünschte, finanziell auch benötigte, sie lehnte ab. Bereits in einem Brief von 1705, mit dem sie ihm einige Präparate zurücksandte, schrieb sie ihm, deutlich und klar, der geschätzte Gentleman könne in ihrem Buch sehen, daß sie nur interessiert sei an der Fortpflanzung und Verwandlung der Kreaturen und das im Zusammenhang mit ihrer jeweiligen, für sie speziellen Ernährung. Er scheint ihr totes Getier, isoliert von der Lebenssphäre, geschickt zu haben. Wie konnte er nur, hört man sie förmlich denken. Er hatte nichts begriffen, und so wurde nichts aus einer englischen Ausgabe. Trotz aller neuen Gedankengänge und der Abbildung von bislang völlig unbekannten Pflanzen und Insekten, so künstlerisch dargestellt wie nie bisher, war das Werk finanziell für Maria Sibylla kein Erfolg.

Hohe Verkaufszahlen erlebte hingegen das Werk von Rumphius, das die Objekte mit ihrer Bezeichnung aufgereiht zeigt. Damit gab er den Sammlern von Raritäten anhand seiner Bilder eine Hilfe zur Bestimmung ihrer Stücke. Maria Sibylla dachte in Sinnzusammenhängen und zeigte diese auch. Das war bei den Gelehrten nicht mehr gefragt. Vielleicht wurde sie deshalb vergessen.

Tod und Nachruhm

Reisestrapazen, die erlittene Tropenkrankheit und unermüdliche Arbeit hatten ihre Kräfte aufgezehrt. Sie erlitt einen Schlaganfall, war von nun an an den Rollstuhl gefesselt. Aus der erträumten zweiten Reise nach Surinam, von der sie hin und wieder gesprochen hatte, wurde nichts mehr. Am 3. Oktober 1711 machte sie ihr zweites Testament.

Ein überaus reiches, erfülltes Künstler- und Forscherleben neigte sich seinem Ende zu. Als Johanna Helena mit ihrem Mann aus Surinam zurückkehrte, erfuhr sie, daß ihre Mutter am 13. Januar 1717, siebzigjährig, gestorben war, und daß ihre Schwester Dorothea nach dem frühen Tod ihres Mannes, 1711, und ihres einzigen Kindes den geschiedenen Kunstmaler Georg Gsell (1673–1740) aus St. Gallen geheiratet hatte.

Am 17.1.1717, an einem bitterkalten, trüben Wintertag, der Totengräber hatte Mühe, in den tiefgefrorenen Boden eine Grube zu schaufeln, wurde Maria Sibylla auf dem Leidse Kerkhof begraben. Wie üblich werden, wenn überhaupt, nur die engsten Angehörigen mitgegangen sein, und die Sargträger wollten so schnell wie möglich zurück in die warme Stube, so daß der Priester sie zur Ordnung mahnen mußte. Er wird, wie damals üblich, seine Totenrede den Gedanken gewidmet haben: Wir müssen der Natur zurückerstatten, was sie uns geliehen hat. Wir müssen dahin zurückkehren, woher wir gekommen sind.

Ihr Begräbnis wurde in das »Register der Onvermogenden« eingetragen. Es wird ein einfaches Grab, ein schlichter Grabstein gewesen sein. Vielleicht stand darauf ihr Motto: »Pietas contenta lucratur«. Vielleicht auch waren Schmetterlinge in den Stein gemeißelt, als Zeichen des Vergehens und des Wiederauferstehens, als Symbol der ewigen Seele.

Der Friedhof mußte später einer Schule weichen. Ihr Grab existiert nicht mehr.

Anläßlich der Erbteilung erwarb der Amsterdamer Verleger Johannes Oosterwijk das Plattenmaterial und die Verlagsrechte. Der Erbteil der älteren Tochter, die wieder in Surinam weilte und von dort nicht mehr zurückkehrte, kam über die Sammlung des Sir John Sloane ins British Museum. Er hatte 1687/88 selbst Jamaica bereist, 800 Pflanzen mitgebracht, die er 1696 in zwei Bänden mit 285 Kupfern veröffentlichte. Nach seinem Tod entstand aus seinen Sammlungen das British Museum. In seinem Besitz fanden sich zwei Klebebände mit Aquarellen Maria Sibyllas und die Briefe an Petiver. 95 Aquarelle von ihr in Windsor Castle stammen aus dem Besitz eines Dr. Mead, der 1754 starb. Sie wurden für 158 Pfund, 11 Schilling für König Georg III. ersteigert. Die andere Hälfte ihres Erbes wanderte mit der jüngeren Tochter nach Petersburg, wohin sie mit Georg Gsell am 13. Oktober 1717 gezogen war. Gsell hatte einen guten Ruf als Historien- und Stillebenmaler und galt als Kenner holländischer Malerei. Er war Peter dem Großen wegen seines Sachverstands und seines abgewogenen Urteils aufgefallen, und so saß er in Auktionen bald neben dem Zaren und riet ihm bei Käufen. Der Zar nannte ihn Juri oder Geselle. Peter der Große berief ihn 1719 zu seinem Hofmaler, und zusammen mit seiner Frau war er als Mallehrer an der 1725 gegründeten Akademie angestellt und erhielt mit seiner Frau und seinen Kindern eine kostenlose Wohnung in der Nähe des Zaren. 1736 reiste Dorothea nochmals nach Amsterdam, um weitere Arbeiten ihrer Mutter für die Leningrader Akademie zu kaufen. Der Zar hatte bei einem Besuch in Amsterdam, auf einer seiner Kaufreisen, im Rathaus, wo sie als kostbare Geschenke aufbewahrt wurden, Aquarelle von Maria Sibylla gesehen, war begeistert und kaufte von da an, was er bekommen konnte.

Auch Dorothea genoß hohes Ansehen am Zarenhof. Heute noch urteilt der russische Kunsthistoriker Somov: Sie zählt »zu den wichtigsten Verbreitern europäischer Kunst in unserem Vaterland«.

Leningrad/Petersburg erwies sich als wahre Fundgrube für Merian-Werke. So fand man Anfang des 20. Jahrhunderts in der Bibliothek des dortigen Botanischen Institutes der Universität einen alten Papierumschlag mit kaum noch leserlicher Bleistiftaufschrift: Zeichnungen von Maria Sibylla Merian, botanischen und zoologischen Charakters. »Nach meinem Tode gehen sie an das Botanische Institut. Voronin.« Voronin hatte die darin enthaltenen 18 Bilder von einer Deutschland-Reise mitgebracht.

Und nun schließt sich der Kreis. Der Weg der Merians führt zurück in die Schweiz.

Gsell unterrichtete in Petersburg u. a. den Bruder des berühmten Schweizer Mathematikers Leonhard Euler. Dieser heiratete 1733 in Petersburg Gsells Tochter aus erster Ehe und nach deren Tod die Tochter Dorotheas, Salome Abigail Gsell, die Enkelin Maria Sibyllas. In seiner Autobiographie bezeichnet Euler Dorothea als »die bekannte Malerin von Blumen und Insekten« und er erinnert an Maria Sibylla, »die bedeutende Künstlerin, dem Blut nach Schweizerin«.

Oosterwyck, der die Kupferplatten aus dem Erbe erstanden hatte, brachte nun sehr schnell, 1718, die drei Raupenbücher in lateinischer Übersetzung heraus. Eine spätere Ausgabe trägt den Titel »Europäische Insekten«. Ein Jahr nach den Raupenbüchern bringt Oosterwyck bereits die lateinische und holländische Fassung des Surinamwerkes. In diese zweite Auflage fügte er zwölf noch unveröffentlichte Kupfertafeln ein, Eidechsen, Schlangen, Spinnen, und wir bekommen eine Vorstellung davon, wie der von Maria Sibylla geplante zweite Band ausgesehen hätte.

Später gelangen die Surinamplatten in den Besitz des Verlegers Peter Gosse in Den Haag. Er brachte 1726, als dritte Auflage, 72 Tafeln, 72 Seiten Text, zweispaltig in Latein und Französisch, mit dem Titel: »Histoire des insectes de l'Amérique«.

Von Gosse kamen die Platten, zusammen mit denen der Raupenbücher, zu dem Verleger Jean Frederic Bernard in Amsterdam. Er druckte 1730 die Kupfer des Raupenbuchs und die des Blumenbuchs zusammen in einem Großfolioband, parallel in einer holländischen und einer französischen Ausgabe, wobei er auf jede Seite vier Drucke setzte, 186 Kupferstiche auf 46 Tafeln. Ebenfalls noch 1730 brachte er eine holländische Ausgabe des Surinambuches. Eine letzte Ausgabe der »Metamorphosen« und der Raupenbücher im Folioformat erschien in zwei Bänden 1771 bei L. C. Desnos in Paris, nun wieder in Latein und Französisch. Das Buch mit dem Titel »Histoire Generale des insectes de Suriname et de toute l'Europe« zeigte die Tafeln so verkleinert und so schlecht, daß Maria Sibylla sich gewiß im Grabe umgedreht hätte bei deren Anblick.

In ihrer Einleitung zum Surinambuch schrieb sie: »... die alle in Amerika von mir nach dem Leben gezeichnet und beobachtet wurden bis auf wenige, die ich auf Aussagen der Indianer hinzugefügt habe.« Das kam der zoologischen Wissenschaft des 19. Jahrhunderts sehr gelegen. Jetzt wurde nach Fehlern gesucht. Und man wurde fündig. Am dreistesten trieb es ein Lansdown Guilding, der auf der westindischen Insel St. Vincent geboren war und dort als Inselkaplan wirkte. Wiewohl er selbst nie in Surinam war, schrieb er ein Werk »Observations on the work of Maria Sibylla Merian on the insects etc of Surinam«, das nach seinem Tod 1734 gedruckt wurde. Es enthält kaum fachliche, wissenschaftlich fundierte Kritik, sondern Aussagen wie zu Tafel I: »grobe und unnütze Abbildungen von Blatta americana«. Er spricht wirklich von groben Abbildungen. Gnädiger und damit noch arroganter urteilt er zu Tafel V: »erträgliche Abbildung von Sphinx titrio« und: »die Tafeln sind sehr schlecht gestochen«. Welch ignorante Arroganz, oder wollen wir annehmen, er habe eine der oben erwähnten, späteren Ausgaben benutzt? So ist es. Er benutzte die dritte Ausgabe von 1726, und die schlecht gestochenen Tafeln sind die Nr. LXI–LXXII, die es erst von 1719 an gibt und die gar nicht von ihr stammen.

Ein scharfer Kritiker war auch der deutsche Entomologe Burmeister, den wir bereits in der Vogelspinnen-Kolibri-Kontroverse kennengelernt haben. Auch dieser Professor aus Halle hatte lediglich eine Ausgabe von 1719 vorliegen. Er monierte, zu Recht, die aus zwei verschiedenen Tierkörpern zusammengesetzte Mischung einer Zikade mit dem Kopf eines Laternenträgers auf Tafel IL:

»Möglicherweise hat man ihr dieses Artefakt statt der natürlichen Gestalt untergeschoben, und sie war gutmütig genug, es für bare Münze zu nehmen.« Kritisiert hat er auch, daß sie nicht alle Raupen auf die richtigen Futterpflanzen gesetzt habe. Kein Wunder, liegen doch 150 Jahre Forschung zwischen den beiden. Mehrfach schreibt sie selbst ganz unbekümmert, daß sie hier und da ein Insekt hinzugefügt habe, nur um das Blatt zu füllen. »Den heutigen Betrachter wird es nur freuen, daß hier die Künstlerin mit der Wissenschaftlerin durchgegangen ist«, findet Deckert, und dem ist nichts hinzuzufügen.

Vor allem die eigenhändig kolorierten Umdrucke der Erstausgaben, die eher wie Aquarelle denn wie Kupferstiche aussehen, sind von größtem Reiz. Eine findet sich in Basel, Kupferstichkabinett, auch das Germanische Nationalmuseum in Nürnberg besitzt eine solche Erstausgabe mit dem Format 73 x 51 cm, die 1901 auf dem Antiquariatsmarkt erworben werden konnte.

Die »Metamorphosen« sind zweifellos eines der besten alten naturwissenschaftlichen Werke, in jedem Fall ist es eines der prächtigsten illustrierten Bücher, die je geschaffen wurden.

Doch gelangte sie auch zu späten wissenschaftlichen Ehrungen. Ein Schmetterling wurde 1842 von Splitgerber nach ihr »Inga merianae« genannt. Linné benannte eine Motte nach ihr, die »Tinea Merianella«, und er zitiert bereits 1753 in seinen »Species Plantarum« fünf Tafeln der Merian, in der zehnten Auflage von 1758 sind es bereits 37 Hinweise.

Insgesamt wurden sechs Pflanzen, neun Schmetterlinge und zwei Wanzen nach ihr benannt, Ausdruck breiter, wenn auch später Anerkennung ihres wissenschaftlichen Werkes durch die Fachwelt.

Doch eine wirkliche Merian-Renaissance sollte vor allem im 20. Jahrhundert stattfinden, das ihre Liebe zur Schönheit der Natur, auch der kleinsten Kreaturen, wiederentdeckte, die sie so kunstvoll wiederzugeben vermochte.

In unserem Jahrhundert erschien zunächst 1935 in der Insel-Bücherei »Das kleine Buch der Tropenwunder«, von Friedrich Schnack herausgegeben, von dem auch der poetische Text stammt. 24 Tafeln aus den Erstausgaben wurden ausgewählt, und trotz des kleinen Formates der Insel-Bücherei vermitteln sie dennoch den Zauber der Merianschen Tropenwelt.

Nach dem Zweiten Weltkrieg kamen weitere Teilausgaben heraus, so bei Schuler, Stuttgart, 1956, mit nur 11 Tafeln, eine Sonderausgabe davon im selben Jahr im Zürcher Buchclub Ex Libris. Eine Ausgabe mit 17 Tafeln nach den Auflagen von 1726 und 1730 erschien bei Hoffmann und Campe in Hamburg.

1975 endlich kam es, nach dem in Dresden vorhandenen Exemplar der Erstausgabe, zu der vollständigen, originalgetreuen Faksimileausgabe im Insel-Verlag, der auch schon die Faksimileausgabe des »Neuen Blumenbuches« besorgt hatte. Eine Faksimileausgabe erschien 1975, in Koproduktion mit Spectrum in Antwerpen und Utrecht mit niederländischem Text, aber ohne Erläuterungen.

Noch einmal sei auf die Faksimileausgabe von Stearn und Rücker nach Originalen der Windsor Library hingewiesen. Wichtige Meilensteine stellen die Faksimileausgaben der Merianschen Vorstudien dar, das Leningrader Studienbuch sowie die Leningrader Aquarelle, mit mehrsprachigem Text zur Forschungsgeschichte.

1991 erschien dann im Insel-Verlag eine in Anbetracht aller 60 Farbtafeln geradezu preiswerte Ausgabe in ansprechendem Format mit dem Text der Merian sowie einem Kommentar von Helmut Deckert.

Vladimir Nabokov ist zu seiner Leidenschaft, Schmetterlinge zu sammeln, durch Maria Sibylla angeregt worden. 1907, achtjährig, als er in seinem Elternhaus in der Nähe von St. Petersburg stöberte, fand er auf dem Dachboden einige Bücher, die seiner Großmutter gehört hatten, darunter das Surinambuch.

Naturgemäß nehmen an einem solch außergewöhnlichen Leben Schriftsteller Anteil, und so sind einige Merian-Romane mit mehr oder weniger historisch getreuen Lebensschilderungen erschienen. Häufig weniger getreu. Da wird zum Beispiel eine Liebesgeschichte zwischen der jungen Maria Sibylla und ihrem Stiefvater Morell konstruiert. Andere wiederum heben den Aspekt der Emanzipation hervor. Außergewöhnlich war aber nicht ihre Tätigkeit selbst, war es doch selbstverständlich, daß auch ein Mädchen, das in einem Handwerksbetrieb aufwuchs, dieses Handwerk erlernte und zum Familieneinkommen beitrug, wie es ja in der Nachfolge auch bei ihren Töchtern der Fall war. Auch Frauen als Kunstmalerinnen waren in jener Zeit weniger außergewöhnlich als heute.

Außergewöhnlich war das künstlerische Talent der Maria Sibylla Merian, vor allem aber ihr weitgespanntes wissenschaftliches Interesse, wobei ihr die für eine Frau damals ungewöhnlichen Lateinkenntnisse und die große Belesenheit halfen, in Fachkreisen ernstgenommen zu werden. Dabei verstand sie es klug und diplomatisch, Rivalitäten zu vermeiden. Anscheinend bedeuteten ihr Ruhm und Glanz nur wenig gegenüber ihrer Unabhängigkeit. Unabhängig waren auch ihre Weltsicht und ihr Denken, wie ihre Einstellung zu den holländischen Siedlern bzw. den Sklaven zeigt. Bei aller vorhandenen Diplomatie konnte sie doch auch unbeirrbar allen äußeren Widerständen trotzen, um ihre Ziele zu erreichen, wenn es sein mußte, bis zur Unerbittlichkeit. Sie konnte sich anschließen und unterordnen und doch ihre geheimsten Gefühle und Gedanken in sich verborgen halten; bei aller sicher vorhandenen Kritik blieb sie stets loyal, so gegenüber der Mutter, ja sogar gegenüber Graff.

Ganz außergewöhnlich war ihr unerschütterlicher Mut; vielleicht war es sogar Abenteuerlust, gepaart mit grenzenloser Neugier für Gottes Schöpfung, die sie bis nach Surinam führten, und ihre nicht zu erschöpfende Tatkraft, mit der sie ihr Lebenswerk zu jeder Zeit so zielstrebig wie wahrhaft demütig verfolgte.

Die Worte des sterbenden Vaters an die damals dreijährige Tochter hatten sich im Übermaß erfüllt. Zu Recht hat Linné ihr Werk unter die unsterblichen Leistungen eingereiht.

Literaturverzeichnis

Alic, Margaret: Hypatias Töchter – Der verleugnete Anteil der Frauen an der Naturwissenschaft. Zürich 1987
Ariès, Philippe: Geschichte der Kindheit. München 1975
Arnold, Klaus: Kindheit und Gesellschaft in Mittelalter und Renaissance. Paderborn 1980
Badinter, Elisabeth: Die Mutterliebe. München 1981
Becker-Cantarino, Barbara (Hg.): Die Frau von der Reformation zur Romantik. Bonn 1980
Blaufuß, Dietrich: Reichsstadt und Pietismus. Neustadt a. d. Aich 1977
Bontekoe Willem Ysbrantsz: Die gefahrvolle Reise. Tübingen, Basel 1972
Braudel, Fernand: Sozialgeschichte des 15.–18. Jahrhunderts. München 1985
Bruijning, C. F. A. (Bild), und Lichtveld, L. (Text): Surinam. Frankfurt a. M. 1957. Amsterdam 1957
Davis, Natalie Zemon: Drei Frauenleben. Berlin 1996
Deckert Helmut: Begleittext zu: Das Insektenbuch. »Metamorphosis Insectorum Surinamensium« von Maria Sibylla Merian. 60 Tafeln. Frankfurt, Leipzig. 3. Aufl. 1994
Diderot Denis und Raynal Guillaume: Die Geschichte beider Indien. Genf 1780. Nördlingen 1988
Dülmen, Andrea van (Hg.): Frauenleben im 18. Jahrhundert. München 1992
Dülmen, Richard van: Hexenwelten. Frankfurt a. M. 1987
– (Hg.): Entstehung des frühneuzeitlichen Europa 1550–1648. Fischer Weltgeschichte, Bd. 24. Frankfurt a. M. 1982
Eisenbart, Liselotte Constanze: Kleiderordnung deutscher Städte zwischen 1350 und 1700. In: Göttinger Baustein zur Geschichtswissenschaft. Bd. 32. Göttingen 1962
Enderlein, Gertraud: Das ist Merians Tochter! Roman. Berlin 1957

Feyl, Renate: Der lautlose Aufbruch. Frauen in der Wissenschaft. Darmstadt 1983

Gerhardt, Claus, W.: Beiträge zur Technikgeschichte des Buchwesens. Frankfurt a. M. 1976

GEO, Nr. 7, 1990: Darin: Das Atelier im Urwald.

Kerner, Charlotte: Seidenraupe, Dschungelblüte. Weinheim 1988

Krieg, Walter: Materialien zu einer Entwicklungsgeschichte der Bücherpreise und des Autorenhonorars vom 15. bis 20. Jahrhundert. Zürich 1952

Kühn, Dieter: Ich Wolkenstein. Eine Biographie. Frankfurt a. M. 1980

Ludwig, Heidrun: Von der Betrachtung zur Beobachtung. In: John R. Paas (Hg.): Der Franken Rom. Wiesbaden 1995

Merian-Heft: Frankfurt. 7. XLIV.

Nabokov, Vladimir: Erinnerung, Sprich. Gesammelte Werke. Bd. 22. Reinbek 1991

Nebel, Gerhard: Merian Maria Sibylla. Die schönsten Tafeln aus dem großen Buch der Schmetterlinge und Pflanzen »Metamorphosis Insectorum Surinamensium«. Hamburg 1964

Pfister-Burkhalter, Margarete: Maria Sibylla Merian. Leben und Werk 1647–1717. Basel 1980

Pöhlmann, Olga: Maria Sibylla Merian. Roman. Nürnberg 1960

Rosenhof, Rösel von: Insectenbelustigung. Nachwort von Wolfgang Dierl. Die bibliophilen Taschenbücher Nr. 27. Dortmund 3. Aufl. 1989

Rücker, Elisabeth: Maria Sibylla Merian 1647–1717. Katalog zur Ausstellung im Germanischen Nationalmuseum Nürnberg vom 12. April bis 4. Juni 1967. Nürnberg 1967

–: Maria Sibylla Merian 1647–1717. Ihr Wirken in Deutschland und Holland. In: Nachbarn. Zeitschrift der Presse- und Kulturabteilung der Kgl. Niederländischen Botschaft Bonn, 24 (1980)

Dies. und Stearn, W. T.: Maria Sibylla Merian in Surinam. London 1982

Sandrart, J. von: Teutsche Academie. Nürnberg, Frankfurt a. M. 1675

Schiebinger, Londa: Schöne Geister. Frauen in den Anfängen der modernen Wissenschaft. Stuttgart 1993

Schlumbo, Jürgen (Hg.): Kinderstube. Wie Kinder zu Bauern, Bürgern, Aristokraten wurden. 1700–1850. München 1983

Schnack, Friedrich: Maria Sibylla Merian. Die Reise nach Surinam 1699. Stuttgart 1956. Ex Libris, Zürich 1956

–: Begleittext zu: Das kleine Buch der Tropenwunder. Insel-Büche-

rei Nr. 351. Leipzig 1935
Schomburgk, Richard: Reisen in Britisch-Guyana in den Jahren 1840–1844. Leipzig 1847
Seume, Johann Gottfried: Spaziergang nach Syrakus. Leipzig 1811. Nördlingen 1985
Solbrig, Ingeborg: »Patiencya ist ein gut Kräuterlein«. In: B. Becker-Cantarino (Hg.): Die Frau von der Reformation zur Romantik. Bonn 1980, S. 58–85
Stuhldreher-Nienhius, J.: Verborgen Paradijzen. Het leven en de werken van Maria Sibylla Merian, 1647–1717. Arnhem 1952
Treue, Wilhelm: Eine Frau, drei Männer und eine Kunstfigur. Barocke Lebensläufe. München 1982
Wackernagel, Rudolph: Selbstbiographie des jüngeren Matthäus Merian. In: Basler Jahrbuch, 1895
Wallmann, Johannes: Philipp Jakob Spener und die Anfänge des Pietismus. Tübingen 1970
Wüthrich, Lucas Heinrich (Hg.): Matthäus Merian, der Ältere. Das graphische Werk. Hamburg 1983
Zbigniew, Herbert: Stilleben mit Kandare. Frankfurt a. M. 1994
Zülch, Walther Karl: Frankfurter Künstler, 1223–1700. Frankfurt a. M. 1967

Faksimile-Ausgaben

Maria Sibylla Merians »Metamorphosis Insectorum Surinamensium«, Amsterdam, 1705. Nach dem Exemplar der Sächsischen Landesbibliothek Dresden. 2 Bände. Begleittext von Helmut Deckert. Frankfurt a. M. 1975
Maria Sibylla Merians »Neues Blumenbuch«, Nürnberg 1680. Hrsg. von Helmut Deckert, mit Begleittext. Nach dem Original der Sächsischen Landesbibliothek Dresden. Leipzig 1966
Faksimile-Ausgabe der drei Teile des Blumenbuchs, unkoloriert. Nach der Vorlage im Gutenberg-Museum, Mainz. Wiesbaden 1979
The Wondrous Transformation of Caterpillars. Hg. und eingeleitet von W. T. Stearn. Yorkshire 1978
Metamorphosis Insectorum Surinamensium. Nach den Originalen der Royal Library, Windsor Castle. Kommentar von William T. Stearn und E. Rücker. London 1980
Leningrader Aquarelle. Kommentare von Helga Ullmann, Wolf-Dietrich Beer, Boris V. Lukin. Zwei Bände. Luzern 1974

Leningrader Studienbuch. Hrsg. von Wolf-Dietrich Beer und Gerrit Friese. Zwei Bände. Text: deutsch, englisch, französisch, russisch. Leipzig, Luzern 1976

Fernsehfilme

ZDF: Eine Reise nach Surinam. Elektronisches Tagebuch von Dieter Kühn. Sendedatum: 19.12.1993
–: Ruf der Schmetterlinge. Sendedatum: 15.9.1991
Südwestfunk Baden-Baden: Nach Surinam – Der Falter wegen. Die beschwerliche Reise der Maria Sibylla Merian in die Tropen. 1991

Bildnachweis

Öffentliche Kunstsammlung Basel, Kupferstichkabinett: S. 6, 47, 52
Maria Sibylla Merian, *Der Raupen wunderbare Verwandlung,* Nürnberg 1679: S. 49
Maria Sibylla Merian, *Metamorphosis Insectorum Surinamensium,* 1705 Amsterdam: S. 57, 69, 73, 85, 94, 105, 117, 129, 141, 147, 155, 169, 185

Antje Windgassen

Alexandra David-Néel
Auf der Suche nach dem Licht.
Biographischer Roman. 246 Seiten.
SP 2576

Als Dreiundzwanzigjährige machte sie sich 1891 das erste Mal auf in das Land ihrer Träume, nach Asien. Schließlich verbrachte sie ihr halbes Leben dort und wanderte durch Indien, Sikkim, Nepal, China und Tibet. Begegnungen mit dem Dalai Lama und mit Mahatma Gandhi machten sie weltberühmt. Als eine der ersten Frauen studierte Alexandra David-Néel an der Sorbonne, mit dreiundzwanzig Jahren unternahm sie 1891 ihre erste Reise nach Asien – allein! Als bekannte Orientalistin und Schriftstellerin verbrachte sie schießlich ein halbes Leben dort.

»Es gab rasante Abenteuerinnen, die auf Kamelen Afrika erkundeten, in langen Röcken den Mont Blanc bezwangen und in unsicheren Flugkisten mit offenem Cockpit flogen. Eine von ihnen und die wohl berühmteste ist Alexandra David-Néel.«
Emma

Anne Spoerry

Man nennt mich Mama Daktari
Als fliegende Ärztin in Kenia. Aus dem Französischen von Angelika Steiner. 282 Seiten mit 8 Schwarzweiß- und 29 Farbfotos.
SP 2667

Fliegende Ärztin und Farmerin in Kenia – in ihrer Autobiographie erzählt Anne Spoerry von einem wahrhaft abenteuerlichen Leben. Die Tochter einer elsässischen Industriellenfamilie hatte schon ein bewegtes Leben hinter sich, als sie nach Kriegsende Tropenmedizinerin wurde und sich in Kenia als Landärztin niederließ. Dort wurde sie zur berühmten »Mama Daktari«, was auf Suaheli »Frau Doktor« heißt. Mehr als dreißig Jahre war sie fast täglich mit ihrem Flugzeug unterwegs, von den Wüsten des Nordens bis in das Hochland von Zentralkenia und zur Missai-Steppe. Sie hat Gewalt und Elend erlebt, aber auch Heiterkeit, Gelassenheit und Lebensfreude.

Michael Asher

Zu zweit gegen die Sahara

Per Kamel auf Hochzeitsreise. Aus dem Englischen von Hanna van Laak. 352 Seiten mit 36 Fotos von Mariantonietta Peru. SP 1710

Eigentlich ist das Unternehmen, das Michael Asher sich vorgenommen hat, schwierig genug: Er möchte auf dem Kamel die Sahara durchqueren. Damit aber die Sache nicht zu harmlos, zu unproblematisch wird, funktioniert er die Expedition zur Hochzeitsreise um und nimmt seine Frau Mariantonietta mit, die er fünf Tage zuvor geheiratet hat. Auf diese abenteuerliche Weise entstand Stoff in Hülle und Fülle für ein außergewöhnlich spannendes und amüsantes Buch, an dessen Ende Asher resümiert: »Wir drehten uns um, um einen letzten Blick auf die Sahara zu werfen. Für jeden von uns hatte die Wüste eine eigene Bedeutung. Für mich war sie eine Leere, der wir Leben eingehaucht hatten, eine Arena, in der wir ein unglaubliches Spiel auf Leben und Tod aufgeführt hatten.

Bettina Selby

Timbuktu

Eine Frau in Schwarzafrika allein mit dem Fahrrad unterwegs. Aus dem Englischen von Jürg Wahlen. 285 Seiten mit 21 Farbfotos von Bettina Selby. SP 1724

Als einzigen Weggefährten hatte sie ihr leuchtend rotes Fahrrad Evans dabei. Über fünfzigjährig bricht Bettina Selby, Mutter dreier Kinder, Fotografin, Journalistin und Buchautorin, mit ihrem Fahrrad auf, um ein Stück Schwarzafrika – von Niamey bis Timbuktu – zu erkunden: vorbei an Lehmhütten und Reisfeldern, durch die Wüste und durch den Urwald, immer entlang dem Niger. Auf ihrem abenteuerlichen und strapaziösen Weg, den sie mit erfrischender Selbstironie schildert, erlebt sie Menschen und Landschaft in einer Unmittelbarkeit, wie sie nur die Reisegeschwindigkeit des Fahrrads erlaubt. Sie stößt auf verloren geglaubte Kulturen und liefert Momentaufnahmen einer fernen Welt, die vom Untergang bedroht ist.

Martin Green

Else und Frieda
Die Richthofen-Schwestern.
Aus dem Amerikanischen von
Edwin Ortmann.
416 Seiten. SP 2323

Die Schwestern Else und Frieda von Richthofen, Töchter aus altem preußischem Offiziersadel, imposante Schönheiten von hoher Intelligenz und rebellischem Freiheitsdrang, stehen für zwei entgegengesetzte Ausbruchsversuche aus der patriarchalischen Welt ihrer Zeit. Else, Muse der kritischen Intelligenz, lebte ihre verschwiegene Liebesgeschichte mit Max Weber als geistige Partnerschaft aus. Frieda, Idol erotischer Imagination, heiratete D. H. Lawrence. Und für beide war der radikale Freud-Schüler Otto Groß, der gegen die bürgerliche Sexualität, Ehe und Monogamie zu Felde zog, der erste befreiende Liebhaber gewesen. Vor dem Hintergrund der Lebens- und Emanzipationsgeschichte der Richthofen-Schwestern gelingt Martin Green eine der »scharfsinnigsten Analysen der deutschen Sozial- und Geistesgeschichte der letzten hundert Jahre.«

Merkur

Wolfgang Leppmann

Rilke
Sein Leben, seine Welt, sein Werk.
484 Seiten mit 20 Abbildungen.
SP 2394

Rilkes Leben war lange in ein fast mystisches Dunkel gehüllt. Mit seinem Hang zur Isolation und gleichzeitig seinem Umgang mit Fürstinnen, Gräfinnen, Herzoginnen, die ihn auf ihre Schlösser einluden und aushielten, gab der »unbehauste Salondichter« viele Rätsel auf. Wolfgang Leppmann verbindet die Stationen und Ereignisse von Rilkes Leben zu einem fast romanhaftem Fresko und ergründet auch seine viel beredten Schwächen, darunter seinen pubertären Snobismus, seinen Mutterkomplex, verbunden mit der Fälschung der Vaterfigur, sein Versagen als Ehemann und Vater, seine Schnorrer-Allüren.

»Farbigkeit und Anschaulichkeit der Darstellung, die breite und stets sorgfältige Wiedergabe des Zeithintergrunds und nicht zuletzt die hohe Lesbarkeit zeichnen das Buch dieses gelehrten, aber gelassenen Erzählers aus.«

Marcel Reich-Ranicki

Die heimliche Herrscherin

Edmond und Jules de Goncourt: Madame Pompadour
Ein Lebensbild
Neuübertagung aus dem Französischen von U. Nikel, mit Nachwort,
Anmerkungen, Zeittafel und kommentiertem Personenregister
1998. 260 Seiten. Gebunden. ISBN 3-538-07075-X

Das Charakterbild einer berühmten Frau, der Mätresse Ludwigs XV.
und heimlichen Lenkerin der Geschichte. Zugleich eine kultur-, zeit-,
sozial- und sittengeschichtliche Fundgrube ersten Ranges.

 **Artemis & Winkler**

PATMOS VERLAGSHAUS: PATMOS · ARTEMIS & WINKLER · BENZIGER · WALTER